「食」の図書館

パスタと麺の歴史

PASTA AND NOODLES: A GLOBAL HISTORY

KANTHA SHELKE
カンタ・シェルク【著】
龍 和子【訳】

原書房

目次

［……］は翻訳者による注記である。

はじめに

拙著『パスタと麵の歴史』は、すばらしい発明であるふたつの食べ物についてまとめたものだ。その食べ物の起源ははっきりしないが、生まれてすぐに引き離されてまったく別の世界で成長したふたごのように、そこから異なる個性をもった独自のスタイルが育ち、ふたつの大きな文化が生まれた。ひとつはイタリア半島と島嶼部《とうしょぶ》、もうひとつは、そこから遠く離れた地、中国のものだ。

図書館や書店にはパスタや麵の本がたくさん並んでいるが、ふたつを一緒にあつかった書籍はあまりない。レシピとおいしそうな写真を見れば、パスタや麵料理を作って食べようという気にもなるだろう。だがパスタと麵では、よく使う材料や付け合わせは、共通するものはあったとしてもほんのわずかで、調理法も大きく違う。パスタ（クッチーナ・イタリアーナ［イタリア料理］の主食）はマルコ・ポーロが中国からイタリア半島に持ち込んだとする説もあるが、中国とイタリアをむすびつけるようなパスタ料理は存在しない。一方中国では、マルコ・ポーロ到来の9世紀ほど前に餅《ビン》という広く親しまれた食べ物が生まれている。これは、穀物の粉をこねてひと口大にしたものを、熱湯にそっと落としいれて作るものだ。また中国では、パスタ作りには使用しない材料と手法で麵も作った。

　パスタが、アラビア半島、ペルシャ、トルコの古い言葉に存在する点は、パスタがさまざまな地に伝わっていることの表れだが、その経緯まではわからない。穀物で作ったこのすばらしい食べ物をヨーロッパに広めるきっかけとなったのは遊牧民のアラブ人だという説を信じる人もいる。だが、この説では、パスタの原料となるデュラム小麦を栽培し、挽き、パスタを作る作業が遊牧民の生活様式に合うのか、納得のいく説明は得られない。

　現在、パスタと麵は全世界に広がっているが、何世紀にもわたりパスタ料理と麵料理の伝統を発展させてきたのはイタリアと中国しかなく、ふたつはまったくの別物であるにもかかわらず共存し、どちらも世界に熱狂的なファンをもつ。本書ではパスタと麵の歴史を紹介するが、ふたつを無理に関連づけようとはしない。この似ていないふたごはそれぞれ独自の、すばらしい発展をとげ、どちらも世界の多くの人々をとりこにし、全世界に受け入れられた食品になっている。

序章◉パスタとはなにか

ヤンキードゥードゥルが子馬に乗って
町に出かけた
帽子に1本羽根をさし
すっかりマカロニ気分［イタリアの伊達男気取り］さ
――アメリカの民謡

パスタは、人間の創意工夫を見せてくれるすぐれた食品だ。こねた生地から作った、小さな、ねじった形状のもの、筒型、シートやひも状のもの。生であれ乾燥させたものであれ、これで料理を覆い、いく種類もの繊細な風味を逃さないようにすることもあれば、料理に添えて、しっかりとした味のソースや、おいしい肉、気持ちがなごむスープを活かすこともある。パスタの美点は、料理が苦手な人でもこのごくシンプルな食品をすばらしい料理に変えることができるし、腕に覚えのある人やプロのシェフなら、新しい料理やレシピを作って、何世紀もの歴史をもつこの食品に新鮮な魅力を与えられることにある。さらに、セモリナ粉［デュラム小麦の胚乳部を粗挽きした粉］のみを原料とした伝統的な乾燥パスタは、腐敗せず半永久的に保存可能な唯一の加工食品なのである。[1]

パスタはシンプル。パスタは安らぎ、パスタは文化。パスタが、共通する祖先をほとんどもたない異質な国々の主要な食べ物として世界中で認められているのには、さまざまな理由がある。この大昔からあるすばらしい食べ物にまつわる伝説や神話や伝統はもちろんだが、その手軽さは大きな魅力であり、人類の今後の健康や栄養状態にも大きくかかわってくる。

◉パスタとはなにか

簡単にまとめれば、パスタはセモリナ粉のみ、穀粉《こくふん》や小麦粉のみ、あるいはこれらの粉をいくつか混ぜ、水、牛乳、または卵とこねて作るものだ。[2] 形状は、細長い糸のようなものから、綿をぎゅうぎゅうに詰めた枕のようなものまでさまざまだが、どれもが「パスタ」だ。そして、ペンネやリボン状パスタやエンジェル・ヘア・パスタ［極細のパスタ］などさまざまなパスタについた名は、「ペースト」、「アリメンタリ・ペースト」、「マカロニ」、「クスクス」その他、数百をくだらない。[3]

著者は「パスタ」を、デュラム小麦（学名 *Triticum turgidum L. var. durum*）の粉を原料とする生地で作ったものとし、デュラム小麦粉以外のもので作ったパスタ様のものを「パスタ製品」とする。だがここでいう「パスタ製品」のほか、小麦粉やセモリナ粉から作ったもの、穀粉を水と混ぜて細かい粒状にしたもの（クスクスなど）、それにアルザス地方のシュペッツレ［やわらかいエッグヌー

ヤンキードゥードゥル。『アンクルサムズ・パノラマ・オブ・リップ・ヴァン・ウィンクル・アンド・ヤンキードゥードゥル Uncle Sam's Panorama of Rip Van Winkle and Yankee Doodle』より。1875年頃。

らせん状のパスタ、フジッリ。おいしいうえに見た目も美しい。

ドル」や、液状に近いものを熱いスープに入れてとろりと固める東アジアの麺のようにやわらかいものなど、パスタの仲間は数えきれないほどある。

パスタをグループ分けするさいには、一般に、原材料、製造工程、形状、それにパスタの種類を具体的に表す名称を見る(4)。イタリアの伝統的なパスタとパスタ製品は、大きく4つに分類されている。ロングパスタ、ショートパスタ、エッグヌードル、特殊なパスタだ。ロングタイプには、フェットゥチーネ、リングイーネ、スパゲッティ、ヴェルミチェッリ、ショートには、エルボーマカロニ［細く、ひじのように曲がったマカロニ］、ジーティ［太めの穴あきパスタ］、ペンネがある。エッグヌードルは卵入りパスタ。そして特殊なパスタには、ラザーニャ、マニコッティ［肉、チーズや野菜などを詰めた管状のパスタ」ほかの詰め物パスタなどがある。さらに、複数のカテゴリーにまたがるものもある。

エッグヌードルは卵を使ったパスタで、リボン状、シート状その他と形はいろいろだ。アメリカでは、エッグヌードルと言えるのは、卵の含有量が重量換算で5・5パーセント以上のものと定められている。東アジアの麺はパスタ製品のひとつではあるが、原料、作り方、食べ方が大きく異なる。東アジアの麺は、小麦粉と水、塩、ときにはアルカリ塩を原料とするのが一般的で、シート状の生地から細い麺や太い麺を作る。今日では小麦粉で作る麺がほとんどだが、大麦、ソバ、キャッサバ［熱帯性の植物で、根茎部分はタピオカの原料になる］、トウモロコシ、アワ、緑豆、ジャガイモ、米やヤムイモの粉も使用されている。風味や色、舌触りの調節に、鶏やアヒルの全卵を使用することもある。

麺はスープに入れて食べる場合が多い。シート状の生地をさまざまな形や大きさの麺にし、ゆでてすぐに食べるか、時間をおいて食べられるように蒸したり、揚げたり、あるいは乾燥させる。麺の消費期限は、水分含有量や製法、包装や保存方法により異なる。一般的な麺には、生（広東省の生麺）、ゆで麺（福建《ホッキエン》の麺）、乾麺、蒸して乾燥させた麺（伝統的な即席麺）、ゆでて揚げた麺（伊《イー》麺《ミー》）、蒸して揚げた麺（インスタントラーメン）がある。麺の大半は粉を混ぜ、こねて、まるめたりシート状に延ばしたりして切って作るが、どのタイプの麺にも、ほかのものとは違う独特の原料や製法がひとつはある。

デュラム小麦は、チュニジア、アルジェリア、モロッコ、モーリタニア、リビアなど北アフリカ諸国と中東、それにシチリア島でも主食とされるクスクスの原料だ。

デュラム小麦粉で作ったパスタのひとつにクスクスがある。アルジェリア、エジプト、リビア、モロッコ、モーリタニア、チュニジアなど北アフリカ諸国の主食で、ほんのりとナッツのような風味がしてなんにでも合い、さまざまなソースや食物を引き立てる。セネガルではクスクス作りにドウジンビエ［トウモロコシに似た雑穀］を使い、トーゴではトウモロコシが使われる。伝統的なクスクスは人の手で少量ずつ作るが、今では機械で大量生産するものもある。セモリナ粉に水をくわえて混ぜていくと小さな粒状になってくるので、これをざるでふるって大きさがほぼ同じ粒をそろえる。これがクスクスの作り方の基本だ。それをまず蒸して、保存用に乾かす。冷めたら、大きさで分けて包装して保管する。クスクスは、蒸して肉や野菜のシチューをかけて食べる。

パスタは、つねにパスタと呼ばれてきたわけではない。歴史家は、「マカロニ」という語の派生について意見を戦わせている。その語の起源をたどることが、パスタの定義や、文化や人類そのものの多様性という、魅力的なパズルを解くことにつながるからだ。「マカル（Makar）」とはギリシャ語で「祝福された」という意味で、神聖な食物に使われた。現代のイタリアでは、マッケローニが筒状の乾燥パスタのことをいう。アメリカでは、「マカロニ」は一般には「ひじの形のパスタ製品」のことだが、生産者の一部は、小麦粉と水のみで作った乾燥パスタ製品すべてにこの語を使う。ロシアでは、パスタはすべてмакароны（ロシア語で「マカロニ」）という。生産者が「エッグヌードル」とするのは、卵を使用した生および乾燥パスタだ。「スパゲッティ」は「細いひも」という意味で、一般には、卵を使用しない乾燥パスタをいう。マルコ・ポーロの時代には、ラザーニャがパスタを意味した。

パスタは多くの国や地域で広く主食とされ、千年もの歴史をもち、その歴史は中国の麺の歴史と複雑にからみ合う。パスタと麺の伝統は、別のものでありながら補いあって発展し、また影響しあいつつ、どちらも大きな人気を得て今日まで熱心なファンがついている。「はじめに」で述べたように、他の関連書とは違い、本書ではパスタと麺をむすびつけようとする試みは行なっていない。理由は簡単だ。ヨーロッパ以外でのパスタの歴史については判明していることが少ないからだ。その仕事は、料理史家に任せることにしよう。

第1章◉パスタの起源——神話と伝説

◉ギリシャ・ローマ時代のパスタ

パスタの歴史には、いたるところに魅力ある神話がある。また、世界中の食の社会史が垣間見える。パスタにまつわる神話は異なる文化に広く行きわたっている。しかしこれがパスタの起源と初期の歴史をあやふやにしている原因でもある。また有史以前のパスタ製品の遺物はほとんどなく、やはり、その起源は推測の域を出ない。

古代文明は肥沃な地で繁栄した。チグリス川とユーフラテス川、ナイル川、インダス川、揚子江流域など、食糧とする穀物の栽培が可能だった場所だ。(1) 初期の定住者は穀物を収穫するとそれを砕き、水を使って調理した。2005年には、中国北部の喇《らつ》家《か》遺跡で、パスタのような食べ物が実際に作られた歴史的証拠が初めて発掘された。陶器の鉢に少量の麺が残っており、分析の結果、麺

中国、青海省喇家考古学遺跡で呂厚遠教授が発掘した4000年前の麺。

はアワとキビを原料としていると断定された。専門家の鑑定により、中国で発掘されたこの最初期の麺が、約4000年前のものだと判明した[2]。

このほか、ギリシャ語の単語にも手がかりはある。ラガノン（laganon）は、小麦粉と水で作った平たく細長い生地だ。このパスタはおそらく紀元前1000年頃のもので、当時はギリシャ文明が栄えた時期だった。その後はローマ人がパスタ製品を作り、名を付けた。ローマ時代の哲学者、政治家であったキケロは、当時よく食べられていたものとして、ラガヌム（laganum）を挙げている。イタリア人はこれをラザーニャ（lasagne）と呼び、ナポリ地方の方言では、麺棒を今もラガナトゥーラ（laganatura）という[3]。

ギリシャ人とローマ人が発明したのでない

とすれば、パスタをイタリアに持ち込んだのは何者なのか。この問題はたびたび論じられてきた。マルコ・ポーロが中国からパスタを運んできたという説を支持する人もいる。また、アラブ人が、移動を繰り返す遊牧生活で日持ちする食品が必要だったため、その条件を満たすパスタを発明したと信じている人もいる。あるいは、これほどのものを発明したのはゲルマン人にちがいないと言う人までいる。その根拠が、アメリカ人歴史家チャールズ・ペリーの記述にあることは明らかだ。「パスタと麺の幾何的形状は、人知のすばらしさをとどめるものだ」とはうまく言ったものだ。(4)

ギリシャの女神タレイアにまつわる神話もある。タレイアが、マカレオ（Macareo）という名の男に、鉄の機械を造って、それで長いひも状のパスタを作るよう告げた。そしてできたパスタをゆでてソースをかけ、それを飢えた詩人たちに食べさせなさい、と。タレイアの発明は長年秘密にされ、セイレーン［ギリシャ神話に登場する海の怪物］のパルテノペだけが知っていた。紀元前6世紀にナポリを創設したセイレーンだ。大昔にパスタを作る技術があったことは、歯車と麺棒、麺打ち台の存在が証拠となる。ローマの近く、チェルヴェテリにある、「レリーフの墓」と呼ばれる紀元前4世紀のエトルリア人の墓の内部の柱に、こうした用具の浅浮き彫り（バス・レリーフ）があるのだ。とはいえこの彫刻からわかるのは、前ローマ時代に存在した、起源も不明でその文化もよくわかっていないエトルリア人が、パスタ作りに今も家庭で使うものに似た道具を使用していたという事実だけだ。(5)

紀元前1世紀の詩人クィントゥス・ホラティウス・フラックス、通称ホレスは、自著『風刺詩』

の第6巻でパスタに触れている。「それから私は家に戻ってリーキとひよこ豆、ラザーニャを盛った料理を食べる」。偶然だが、これとほぼ同じ、ひよこ豆と揚げたタリアテッレ〔幅広の麺〕のスープは今日もイタリア南部ではよく食べられている。

紀元1世紀のカエリウス・アピキウスは『料理の題目 *De re coquinaria*』に、非常に手の込んだレシピを載せている。この「毎日のパイ」は、いろいろな肉、魚、卵、オリーブオイル、コショウとラガヌムとを交互に重ねたものだ。アピキウスのレシピは、地中海地域一帯の古代世界の食習慣を再現するさいに役に立つ。ところが、アピキウスがあつかう広範な料理に欠けているのがトマトとパスタの組み合わせだ。これは現代においてはこの地方にかかわりの深い、象徴的な食べ物である。アピキウスはトラクタム・コンフリジェス（乾燥パスタを細かくしたもの）を、スープに入れてコクを出すとも書いている。ローマのパスタは、エジプトとシチリア島で栽培したデュラム小麦で作っていた。(6) ローマの兵士であり農民でもあるルキウス・ユニウス・コルメラ（紀元4～70）は、地元産の小麦を言うのにつややかで深みのある赤を意味するルティルムという語を使い、自分の畑に実るデュラム小麦の透明感のある輝きを表現している。

ローマ帝国はパスタ製品をヨーロッパ中に広めたが、これらは地元産の軟質小麦で作られたものだった。この当時、パスタが伝わった地方ではデュラム小麦は手に入らなかったからだ。地元の小麦を使う伝統は今日も続いており、タリアテッレとフェットゥチーネは、ポー渓谷（ポー川は、アルプス山脈西部からアドリア海に注ぐ）の家庭では、今もデュラムではない白い小麦粉と卵で作られているし、ドイツ南部、オーストリア、スイスのシュペッツレもそうだ。そしてパスタも、地中海沿岸部で栽培されていたデュラム小麦を原料としたものであり、なかでもクスクスは人気のパスタのひとつだ。それだけに、中世初期まで数世紀のあいだ、パスタにかんする記述が見当たらないのは不思議である。(7)

●中世のパスタ

ゆでたパスタについて欧米で初めて明確な記述が登場するのは、5世紀のエルサレム・タルムード［教訓をまとめたユダヤ教の聖典］における議論だ。アラム語で、パスタがユダヤ教の食法に背くか否かを議論したものだ。ここでは、宗教儀式に使用するフラットブレッドの一種に、ギリシャ語のイトゥリオン（itrion）から派生したイトゥリア（itriyah）という語を使っている。10世紀のアラビア語では、イトゥリアは市場で買った乾燥麵の意味であり、これに対し、手作りの生パスタ製品はラクシャ（lakhsha）といった。そしてロシア語、ハンガリー語、イディッシュ語では、このペルシャ語のラクシャをもとにした言葉が使われるようになった。(8)

アミール［イスラム世界の支配者や王族の称号］のアブド・アッラフマーン2世が治めた9世紀のスペインでは、アラブ人吟遊詩人のズィルヤーブの歌が人気だった。さまざまな形状のパスタの美しさを称え、その正しい食べ方を歌ったものだ。アラブ人はこの当時シチリア島を統治しており、その影響はノルマン人による征服以降も長く残った。

今日人気の成型および乾燥パスタにかんする最古の記述は、アラブ人地理学者、ムハンマド・アル・イドリーシー（1099〜1166）によるものだ。[9] 1138年、イドリーシーはシチリアのノルマン王ルッジェーロ2世のためにシチリアの島々を広く旅し、またさまざまな発見を『世界横断を望む者の慰みの書 *Nuzhat al-Mushtaq fi Ikhtiraq al-Afaq*』に記録した。イドリーシーはイトゥリアを、糸のような食べ物で、大量に生産し乾燥させたもの、と書いた。この日持ちのする食べ物を、水夫がジェノヴァ、ピサ、アフリカや、キリスト教およびイスラム教国に運んだのだ。今日もシチリア島の人々は、パスタと、パスタを作る押し出し機にトゥリアという語を使う。[10]

ドイツ人詩人のヴァルター・フォン・デア・フォーゲルヴァイデ（1165〜1230）の詩には、シチリア人は甘いソースをかけたマカロニが大好きだ、というものがある。ここに書かれている内容は、イタリア料理の守護者を自任する人々が決して認めようとしない説、つまり、パスタはマルコ・ポーロが中国から持ち込んだ1295年以前にはイタリアにはなかった、という主張をくつがえすものだ。

イタリア人小説家のジョヴァンニ・ボッカチオは、100の短編を収めた1348年の作品『デカメロン』で、ベンゴーディという理想郷を描いた。「削ったパルミジャーノチーズでできた山の山頂にいる人々の仕事は、マカロニとラヴィオリ〔詰め物パスタ〕を作り、それを肥った鶏からとったスープでゆでることだけ。できたらそれを山から落とすと、下にいる人が次々と食べる」という描写だ。[11] パスタという夢のような食べ物が誕生すると、これを題材に何世紀にもわたり多くの伝説が生まれたのである。

◉パスタを伝えたのはマルコ・ポーロか？

パスタにかんするマルコ・ポーロ神話の出所《でどころ》はアメリカ人だ。１９２０年代の雑誌にはよく長たらしい広告が掲載されていたが、これらはただのお遊びやおとぎ話の類《たぐ》いだった。１９２９年に、現在は廃刊されている業界誌、「マカロニ・ジャーナル」（のちの「パスタ・ジャーナル」）が、まったくの作り話を広告に載せた。この広告に使われたのは、マルコ・ポーロがイタリア人水夫と中国へと航海する話だった。そのなかに、マカロニという名の水夫が上陸して旅の話を語る場面がある。中国では女たちがこねた生地をひも状にした食べ物を作っていたが、ポーロは水夫の名をとってそれをマカロニと名づけた、というのだ。

この話は繰り返し、広告やレストランのテーブル・マット、料理本や映画にまで登場し、おふざけの広告が、すっかりゆるぎない伝説になってしまった。１９３８年の映画『マルコ・ポーロの冒険』（アメリカ）ではこんな描写まである。ゲーリー・クーパー扮するマルコ・ポーロが麺の入ったボウルを指さし、中国人の友人にその名を尋ねると、友人はこう答える。「中国語では、『スパ・ゲット』ですよ」

１９５０年代には、歴史家のジュゼッペ・プレッツオリーニがマルコ・ポーロ伝説の信頼性に疑問を呈する。地中海沿岸地域は、１２９５年のマルコ・ポーロ帰還の何世紀も前から、オブラ・

デ・パスタ（サルディーニャ地方でのパスタ製品の呼び名）の盛んな取り引きでにぎわい、パスタ製品はすでに、地中海地方の一定の人々の食事として定着していた、とプレッツオリーニは主張したのである。[12] ついでながら、マルコ・ポーロはパンノキ（学名 *Artocarpus altilis*）を原料としたデンプン質の食品のことを書いているが、パンノキはデュラム小麦その他の穀物とは関係がない。

●イタリア人の誇りにかけて

イタリア人は自国の誇りをかけて、パスタを発明したのはわれわれだと主張し、紀元前の言葉が残っていることを証拠として持ち出すことも多い。エトルリアやローマ時代の、デュラム小麦で作ったラガーネ（lagane、今日のラザーニャ）の記録が文字として残っているというのだ。よく引き合いに出されるこの証拠とは、エトルリア人の墓にある浅浮き彫り（バス・レリーフ）に記されている文言のことであり、現在は、イタリア、トリノ付近に本社をおくパスタ製造業者アネージ社所有のスパゲッティ歴史博物館におかれている。[13]

アンナ・デル・コンテは『パスタの肖像 *Portrait of Pasta*』で、イタリアの多くの地方では、何世紀も前に使われていた古い道具とほとんど同じものが、今もパスタ作りに使用されていると書いている。[14] 一方で歴史家のペリーは、台所仕事では、麺棒の用途はパスタ作りにかぎらないと主張する。ペリーは、ローマ時代のパスタ類の記述には筒状のものも平打ちのものも一切存在しない点を重視し、ローマ人がエトルリア人に代わってイタリアを支配したことから、エトルリアとパスタとのかかわりもありえないとする。

イタリア人が主張するほどは古くないにしても、イタリア半島にパスタが存在した証拠はマルコ・ポーロの旅よりも古いことははっきりしている。ジェノヴァの文書館に、ジェノヴァの兵士ポンツィオ・バストーネの1279年の財産目録が所蔵されており、このなかに「木箱いっぱいのマカロニ」という記述がある。これは乾燥パスタの最初期の記録であることにくわえ、公正証書の目録にあることから、パスタが日々の主食という以上に、財産として価値のあるものだったことがわかるのだ。

ヴェルミチェッリのレシピが最初に登場するのは、『シチリアのマカロニとヴェルミチェッリ料理の本 *De Arte Coquinaria Per Vermicelli e Maccaroni Siciliani*』という書で、15世紀の料理家マエストロ・マルティーノ・ダ・コモによるものだ。コモは重要都市アクイレイアの総大司教のシェフで、初の「著名シェフ」だったと思われる。歴史上の資料によると、シチリア島北西部のパレルモは乾燥パスタが初めて生産され、大量に商品化されていた地だという[15]。

乾燥パスタは14世紀から15世紀にかけて人気となった。新世界へと向かう船上でも保管が容易で、長い航海には実用的な食品だったのだ。15世紀のイタリアとドミニカの修道院の記録には、穴あきの長い筒状のものをはじめ、さまざまなタイプのパスタが登場する。17世紀には、パスタはイタリア半島全土で毎日の食事の一部になっていた。経済的で手に入りやすく、用途も広かったからだ。

もっとも、ギリシャのイトゥリオンと、エトルリアとローマ時代のラガーネのどちらが先に誕生したのかはわかっていない。ただ、パスタがかなり早い時期から地中海地域の国々で食べられていたこと、またパスタ製品が多くの国々で同時期に——そして独自に——さまざまな形状で作り出されたことはわかっている。(16) この地域でもっとも多く見られるのは生地を揚げるか焼いたもので、それを乾燥させたりスープに入れたりして食べた。16世紀までは、パスタといえば揚げたものであり、ゆでたパスタでさえ食べる前に揚げていた。

●ぜいたく品だったパスタ

パスタは中世のイタリアではぜいたく品で、14世紀のイタリアの日々の食費からすると、ごくふつうの、日常的な食べ物とはほど遠かった。ルネサンス期にはラテン語で書かれた料理法が復活し、ヴァチカン教皇庁図書館の館長であるバルトロメーオ・サッキ（「プラティーナ」としても知られる）が、料理書『真の喜びと幸福 *De honesta voluptate et valetudine*』を書いた。この書には、「主の祈りを3回唱えるくらい長く」パスタをゆでるよう指示したものなど、多数のパスタ料理のレシピが掲載されていた。

ジェノヴァのドーリア家、フェラーラのエステ家、マントヴァのゴンザーガ家、ミラノのヴィスコンティとスフォルツァ家、それにフィレンツェのメディチ家といったイタリアの名家は、手をかけた数日にもおよぶ宴を主催し、当時のヨーロッパでは先進の高級料理とみなされていたパスタ料理やイタリア料理を出したのである。

パスタはすでに家庭で作るものではなく、特別な店で買うものとなっていた。店にはマディアという生地をこねる木の桶がおかれ、近くにはパスタを乾燥させる土地がある。18世紀までは、パスタを意味する一般的な語はヴェルミチェッリであり、パスタ生産者はヴェルミチェッラーロ（ヴェルミチェッリ職人）、店はボッテガ・デ・ヴェルミチェッラーロと呼ばれていた。生地は、人が足でこねて十分に延ばしてから、大きな力をかけて穴の開いたダイス（鋳型《いがた》）に通す。これを押すのに使う大型のネジ式押し出し機は、馬1頭か人間ふたりが動力源だった。こうした生産施設には夜警をおいた。つまり、ルネサンス期、パスタは価値のある商品だったのだ。富裕層はパスタをよく食べたが、一般大衆は、結婚式やその他お祝い用に大事にとっておいた。

パスタの売買が盛んになると、価格を管理する国の法律も生まれた。まず、ヴェルミチェッラーリ（ヴェルミチェッリ職人たち）は、パン屋に対抗して自分たちの利益を守るため、アルティ（職人組合）を結成した。彼らが議論したのは、パン屋にパスタ販売を認めるべきかどうかについてだ。ヴェルミチェッラーリはこの習慣に猛烈に異を唱え、何世紀にもわたる激しい論争が続き、ときには、両者に休戦を申しつける必要があったほどだった。1609年には教皇が介入し、パスタ販売を希望するパン屋はヴェルミチェッラーリの同業者組合（ギルド）に加入しなければならず、違反者には罰金と3回の鞭打ち刑を科すと命じたことさえあった。最初は、大勢の違反者に残らず鞭打ちを行なうことなど無理だとたかをくくり、パン屋たちはあからさまにこれを無視したが、しだいにヴェルミチェッラーリの力が増してきた。ヴェルミチェッラーリの事業はすこぶるうまくいき、加入者も増えて、1641年には、ヴェルミチェッリの店は少なくとも23メートル間隔をお

「プルチネッラ（道化師）の家族」（イタリア、18～19世紀）

くこと、という教皇令が出されるまでになった。

16～18世紀のコンメディア・デッラルテ［仮面を使用する即興喜劇］はパスタを題材として取り入れていた。仮面をつけた俳優がハーレクイン、コロンバイン、パンタルーンなどに扮してお決まりのセリフやジェスチャーを演じ、幕間にやる喜劇のラッツィには、マカロニの皿をたいらげる役が登場するのがお約束だ。こうした役者はパスタにまつわる歌やしゃれた小曲を歌い、それらは今日もなおイタリアで人気だ。

●パスタの聖地ナポリ

地中海沿岸部のにぎやかな街ナポリは、パスタがオート・キュイジーヌ（伝統的な高級料理）からイタリアを象徴する料理へ、さらには世界的人気を得るまでに進化する場として最高の立地にあった。シチリア島とナポリがあるカンパニア地方の気候と土壌は、デュラム小麦の生育には理想的だった。おだやかな海風と

マンジャマッケローニ（マカロニ食い）。パスタを食べる姿は、18～19世紀の芸術において人気のあるテーマだった。

マカロニを食べる人たち。イタリア、ナポリ。1895年頃。

ヴェスヴィオ火山からの熱風が交互に吹き、パスタの乾燥に時間がかかりすぎないためカビが生える心配がなく、また乾燥が早すぎてあとで割れることもない。このパスタの天国ともいえる地で、便利な食品パスタは熱しやすいナポリ人にぴたりとはまり、１７００年から１７８５年のあいだに、ナポリのパスタ店の軒数は、パスタ人気の上昇とあいまって4倍以上に増加した。

パスタの物語は、18世紀のナポリでクライマックスを迎える。シチリアの人々は、以前はサラダや葉野菜好きのナポリの人たちを小馬鹿にしてマンジャフォリェ（葉っぱ食い）と揶揄《やゆ》していたが、この頃には、マンジャマッケローニ（マカロニ食い）と呼ぶようになっていた。ナポリではパスタが社会生活に溶け込んでいた。パスタをつるして乾燥させ、ゆで、これが一番注目すべき点だが、人々は店で買い、通りで食べた。

マッケロナーリ（マカロニ売り）は浅い大鍋を石炭ストーブにかけ、ふちまでの熱湯でパスタをゆでる。挽いたロマーノチーズをふりかけて客に出せば、客は指でつまんで食べる――そんな光景がいたるところで見られた。当時、多くの絵画の題材にもなった、このナポリではありふれた光景は、観光客のお楽しみの目玉でもあった。観光客が一皿注文すると、屋台の呼び込みがマンジャマッケローニよろしく、指でパスタをつまんで食べるテクニックをやってみせた。

デュラム小麦は古代から地中海地方で栽培されていたが、19世紀には、デュラム小麦の生産とその品質で世界を主導したのはロシアだった。(17) デュラム小麦はロシアを流れるドン川とヴォルガ川下流の肥沃な黒土の渓谷でよく育ち、海峡で黒海とつながるアゾフ海の港町、タガンログを経由して

テオドロ・ドゥクレレ（1816 ～ 1869）作品の模倣。ナポリのマカロニ売り。リトグラフ。

イタリアに運ばれた。タガンログから出荷されるデュラム小麦を、パスタ生産者は非常に高く評価した。あるナポリ人パスタ製造業者の製品の半分はこれを使用したもので、自慢げに、パスタ・ディ・タガンログ（タガンログのパスタ）という印を押してニューヨークに輸出したほどだ。

第一次世界大戦までは、パスタの生産はナポリのトッレ・アンヌンツィアータとグラニャーノの町で盛んだった。このパスタの一部は船で、あらたにアメリカに渡ったイタリア人移民のもとへ運ばれた。ヴェスヴィオ火山山頂から遠い水平線へと煙がたなびくナポリ湾の絵のラベルは、今日にいたるまで、ニューヨークのイタリア人街では郷愁の念を抱く対象だ。

●パスタ、大西洋を渡る

20世紀には何十万箱ものパスタが大西洋を渡ることになるが、イタリアとアメリカ以外では、パスタは料理に異国の雰囲気をくわえたいときに使う程度だった。イギリスの摂政太子（のちのジョージ4世）が1817年1月15日にブライトンのロイヤル・パビリオンで主催した宴は、パリのシェフ、マリー＝アントワーヌ・カレームが手がけた。36種もの前菜に4種のスープ、4種の魚料理、4種の主菜を配するものだったが、ここにも、「ナポリ風マカロニのティンバル」という、「異国風」のパスタ料理が登場している。これは、マカロニと挽いたチーズと細挽き肉を重ね、大きな型に入れて蒸し焼きにした料理だ。

1926年、イタリアですでに定着していたように、アメリカでもパスタがごくふつうの食事となりつつあった頃、イタリア人は恐怖のどん底に突き落とされていた。国家ファシスト党党首、ベニート・アミルカレ・アンドレア・ムッソリーニが、パスタの消費禁止計画を進めているという噂がたったのだ。

イタリア人詩人のフィリッポ・トンマーゾ・エミリオ・マリネッティが、1930年8月28日にトリノのガゼッタ・デル・ポポロ紙で「未来派料理宣言」［未来派は、イタリアで20世紀初頭に起こった文学と芸術の革新運動］を発表すると、国民はさらに不安をあおられた。この宣言は、料理にも革命を取り入れてイタリア料理に確立されたパターンをくつがえし、パスタの禁止を訴えるものだった。マリネッティがイタリア人のあいだに見る、「弱さ、悲観主義、非活動、懐旧、情熱の欠如」の根源にあるのはパスタだ、というのが理由だ。マリネッティとフィッリア（未来派の芸術家ルイジ・コロンボのペンネーム）は1932年に料理書を出版し、その本にはパスタはまったく掲載されていなかった。マリネッティはイタリア人が戦争に備えることを望み、「スパゲッティは戦士の食べ物ではない」と宣言した。こうした突飛に思える発言は大西洋の向こうでも反響を呼び、全米マカロニ生産者協会は、ムッソリーニに抗議の電報を送っている。(18)

しかしパスタの禁止どころか、ムッソリーニは実際には、イタリアのデュラム小麦栽培の支援者と言ってよかった。ムッソリーニは「小麦をめぐる闘い」をもって、自給自足とソヴィエト連邦からの輸入停止への第一歩としたのだ。ナポリ湾で小麦をおろすソ連船の数はしだいに減る一方、デュラム小麦の生育地域に近いイタリア北部にパスタ工場が次々に建っていった。そしてまもなく、一連の惨事がソ連の小作農と肥沃なデュラム小麦の畑を襲った。1921年から1922年にかけてと、1932年から1933年にかけての飢饉でおよそ1050万人もの小作農が命を落とし、1928年から1930年のあいだにソ連共産党書記長のヨシフ・スターリンが容赦なく強いた集団農場政策によって、300万人のクラークが姿を消したのだ。クラークと呼ばれた富農は、ソ連のデュラム小麦栽培の中核を担っていた。

1940年代には、イタリア最北部の街のひとつロンバルディアで、南部のカンパニア州とその州都ナポリの生産量と同等のパスタが生産されるまでになった。ナポリは、イタリア最大のパスタ生産地という地位をしだいに手放しつつあったが、最高品質のパスタを生むという評判までは失っていなかった。(19) ナポリ産パスタの評価は非常に高く、北部のパスタ企業が、製品に「パスタ・ディ・ナポリ(ナポリのパスタ)」のラベルを貼って高品質をうたえるように、ナポリに子会社を設立するほどだった。

イタリアのどこで生産されたかにかかわらず、イタリア産パスタの品質が今にいたるまで高評価を得ているのには、もうひとつ理由がある。パスタにかんする法律(第580条)だ。この法律は1967年7月4日に施行され、イタリアで販売されるパスタはすべて、デュラム小麦のセモリナ粉100パーセントを原料としなければならないと定めている。「セモリナ粉でない」デュラム小麦やフツウ小麦「パン小麦」の小麦粉で作ったパスタは、セモリナ粉で作ったパスタとは違い、ゆですぎに弱くくずれやすい。これにくわえ、一般的な小麦粉で作ったパスタは、セモリナ粉が原料のものにくらべると腹もちも栄養的にも劣るのだ。

●パスタの命名

パスタほど、種類ごとに名をもち、また同時期に多くの名で呼ばれる食べ物はない。1861年のイタリア統一以前には、さまざまな王国がそれぞれ別のイタリア方言を使用しており、このためパスタにも異なる名があった。12世紀のシチリア島パレルモでは、パスタにアラビア語のトゥリ(ひもの意味)が使われ、今もシチリア島ではこう呼ぶ。しかし、1279年に兵士のポンツィオ・バストーネが家族への遺言書で残した、箱いっぱいのパスタには、マカロニという語が使われていた。その数十年後、マルコ・ポーロはパスタをラザーニャと呼んだ。しかしジョヴァンニ・ボッカチオは、14世紀半ばに著した物語集『デカメロン』において、マカロニという言葉を使い続けている。15世紀、パスタにはスペイン語のフィデリーニ(fidelini)が使われた。この語は、現在スペインとラテンアメリカでパスタをいうフィデオス(fideos)に似ている。

16世紀初めから18世紀後半にかけて、パスタには、イタリア全土でひとつの名のみが使われていた。ヴェルミチェッリだ。1598年に初の英語・イタリア語辞典を編纂したジョン・フローリオは、パスタに、マカロニ(イタリア語ではマッケローニ)とヴェルミチェッリというふたつの語を使用した。フローリオはシェークスピアがイタリア語関連の情報源としたといわれる人物で、ヴェルミチェッリを「細い虫のような形の練り粉の一種」と定義した。ヴェルミチェッリは、18世紀後半までパスタに使われたもっとも一般的な名だったが、19世紀になるとマッケローニという語が一般的になっていた。

18世紀、多くのイギリス人がヨーロッパを訪れるようになると、イギリスでは「マカロニ」という語が、イタリアの習慣にかぶれて帰国した人々を揶揄するものになった。この「マカロニ」は、なんでも外国のものが一番という風潮に対するあざけりからきたものだが、マカロニ自体は、イタリア帰りの人たちがそのことを鼻高々に思う気持ちを象徴するもので、1760年には洒落者が集まる「マカロニ・クラブ」まで創設された。そして18世紀中頃から19世紀中頃までの100年間は、「マカロニ」が「めかし屋」の俗称となり、マカロニ・クラブのメンバーにお約束の、風変わりな、カールした長髪のカツラをつけて世界を旅する人々を指して使われた。実際、そのヘアスタイルに似ていることから、明るいオレンジ色のトサカをもつペンギンに「マカロニペンギン」という名がついた。トサカ以外、このペンギンにはパスタとの関連はまったくないのだが。

「マカロニ」という語はヘアスタイルを言い、のちには「まぬけ」や「アメリカ人（ドゥードゥル）」を指すようになった。有名な歌、「ヤンキードゥードゥルが子馬に乗って町に出かけた／帽子に1本羽根をさし／すっかりマカロニ気分（イタリアの伊達男気取り）さ」は、はじめはイギリス人がヤンキー（アメリカ人）を揶揄して歌ったものだ。皮肉にも、植民地アメリカの軍隊は「ヤンキードゥードゥル」を自分たちの持ち歌にした。そしてアメリカ独立戦争中にレキシントンでイギリス軍に圧勝したとき、イギリス人をバカにして歌ったのがこの歌だった。

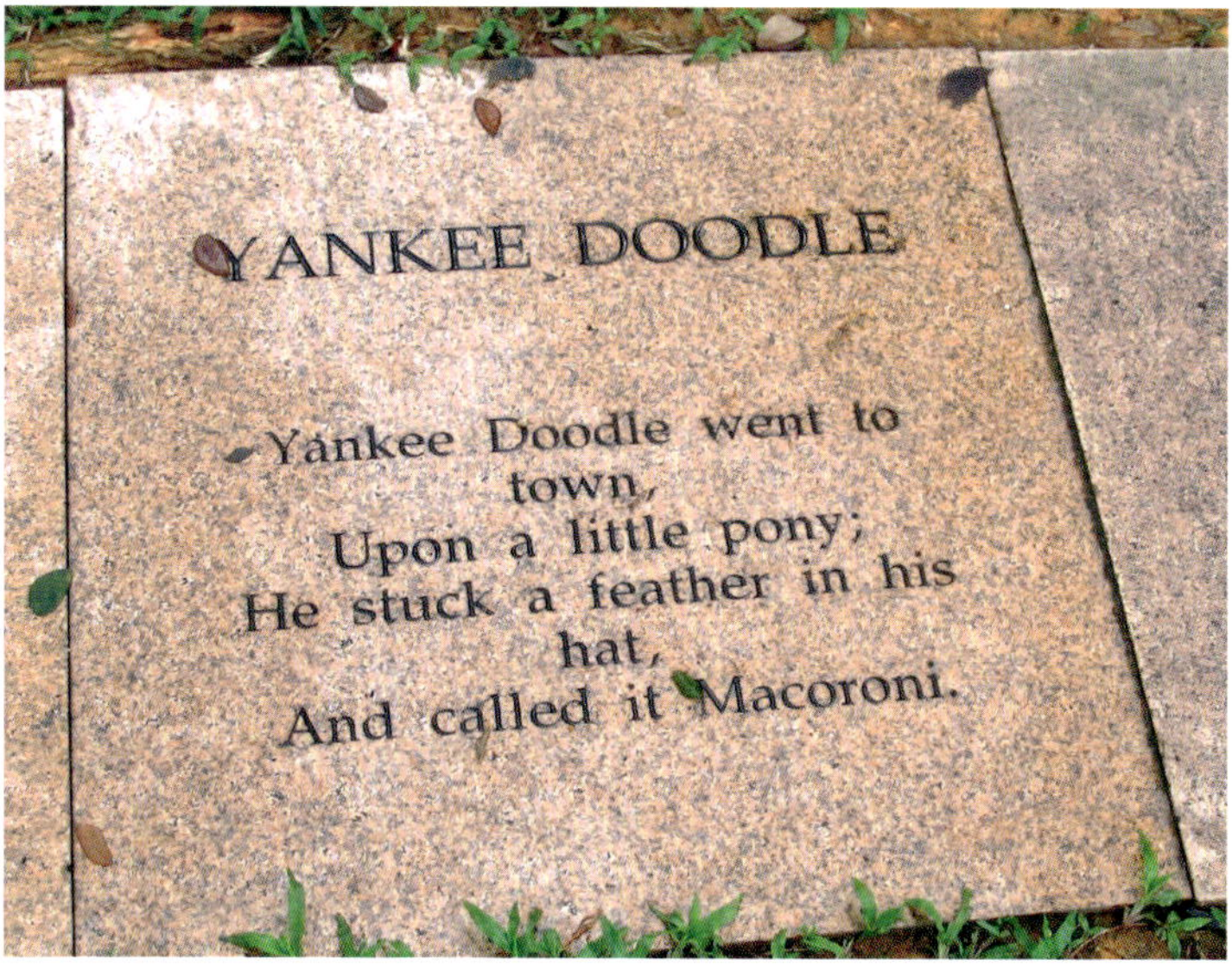

英国系アメリカ人の歌。植民地の田舎者をおもしろがる人気の歌だった。

旅先で身につけた外国の習慣をひけらかしたがる人々を意味したのにくわえ、「マカロニ」は、「ひどいもの、下品なもの、野暮なもののごちゃ混ぜ」という意味をもつようにもなった。16世紀初め、元修道士として知られるテオフィーロ・フォレンゴの作品をいうときの「マカロニ」がこれだ。フォレンゴは「バルドゥス」という詩を書いたが、これはイタリア語とラテン語を混ぜた、悪趣味で、修道士の生活とはほど遠いパロディ作品だった。きわどい詩は修道士が使うラテン語をもじって書かれ、ポエシア・マッケローニカ(poesia maccheronica)、つまりマカロニック詩と呼ばれた。「マカロニック」という語は今も、異なる言語や、土地の言葉とラテン語とを混ぜて書くことをいう形容詞として使われている。

「マカロニック詩人」のメルリヌス・コッカイウスが、ふたりの人物とマカロニを分け合うようすを描いた。木版画、Opus Merlini Coccai（1521年頃）より。

シンシナティの「スリー・ウェイ（3層の）チリ・マック」。パスタと、チリソースとチーズを合わせたシンシナティで人気の一品。

「パスタ」という語は古期イタリア語のパスタ・アリメンターレ（paste alimentari、食用の練り粉）がもとになったものだが、現代においては、ラザーニャ、マカロニ、ヴェルミチェッリその他、多数の形状のパスタをいう。「パスタ」が英語圏の国々で広く使用されるようになったのは今から30～40年ほど前からであり、比較的近年になってからのことだ。イタリアでは、1950年代以降、話し言葉ではパスタという語を使っても、法律文書のような公式な文章では「パスタ・アリメンターレ」を使用した。

現在、イタリア人と、違いを認識しているパスタ生産者をのぞいては、たいていの人はパスタという語を、デュラム小麦の含有量にかかわらずすべてのパスタ製品を指す、集合的な言葉として使っている。[21] 一方「マカロニ」は、英語圏の国々とイタリアの一部では、1958年頃までパスタの総称として使われていた。その証拠に、アメリカの連邦規則集にも「マカロニ製品」という語がある。イタリアの一部地域では「マカロニ」という語が今も使われているように、現代の食品にもその名は残っている。「マックンチーズ」「マカロニとチーズ」に「チリ・マック」「チリソースにマカロニなどショートパスタをくわえたもの」は、オハイオ州シンシナティの郷土料理と、アメリカ軍標準の携帯食だ。

第2章 ◉ パスタの原料

パスタの歴史を明らかにし詳細に語るうえでは、小麦の歴史を理解することが欠かせない。小麦なしには、パスタも麺も存在しえなかっただろうから。穀物ならすべて、その粉を練って生地にして、さまざまな方法で成型し、いろいろな形のパスタを作ることができるが、小麦はとくにこの手の作業には適している。小麦の粒を挽いた粉からは、水、牛乳あるいはスープと混ぜるとねばりけがあり延びもある生地ができる。この生地はほとんどどんな形状にもでき、形がくずれない。小麦にはグルテンというタンパク質が含まれているが、小麦ほど大量にこれを含む穀物はほかにはない。生地を延ばし、多様な食品に成型することができるのは、グルテンのおかげだ。グルテンの働きで、世界中の人々の心をとらえる食品が次々と生み出されてきたのである。

小麦はコムギ属（学名 *Triticum*）の植物で、人類が栽培化し、収穫して食べた一番古い穀物のひとつだ。数千年をかけて野生種を選別、交配したことで、小麦はまぎれもない穀物の王様となった。

小麦がもつ特性が飛躍的に進化したのは、肥沃な三日月地帯において紀元前1万年頃にはじまった、農業の発達と同時期だと考えられている。ここは、東のパレスチナから最西はペルシャの高地の斜面までの広大な地域だ。(1)

1万年におよぶ栽培で人類が選別と交配を続けた結果、さまざまな種類の小麦が生まれた。そして染色体の組数《くみすう》を基本として分類したなかの5種が、パスタと麺を語るうえでは重要になってくる。

●小麦の種類

初期の小麦は「皮麦《かわむぎ》」に分類されるものだった。硬い外皮とその下の殻が穀粒《こくつぶ》を包んでいるタイプで、今日の「裸麦《はだかむぎ》」のようには簡単に脱穀できなかった。有史以前の人間は小麦の穂をあぶり、厚い外皮《がいひ》を焼いて粒を取り出し、それ以上手をくわえずに食べていた。最終的には、人は小麦の粒を粗い粉に挽いて、粉と水を混ぜてペースト状にし、あるいはこねて平たい生地にして、熱い石の上で焼くようになった。この挽くという作業の発見が、ペースト状の食べ物とパンのはじまりと言える。大昔にこねて作った生地がスイスのトゥワンで発見されたが、これは紀元前4000年から3000年頃のものだ。

5世紀末頃になると、回転させて小麦を挽く石臼《いしうす》が発明され、小麦を挽く作業はずっと楽になった。裸麦は作業の過程が簡単なので、しだいにさまざまな食物に使われるようになり、一方で皮麦

小麦の種類

アインコーン（ヒトツブコムギ）（学名 *Triticum monococcum, L.*）	硬い外皮をもつ小麦。 紀元前7050年頃、トルコ南東部カラカ・ダーグ付近の肥沃な三日月地帯で初めて栽培化された小麦。 フランス、モロッコ、旧ユーゴスラビアおよびトルコの山地で栽培。
チモフェービット小麦（学名 *Triticum timopheevii Zhuk*）	トランスコーカシア［アゼルバイジャン、アルメニア、ジョージア3国の総称］のうちジョージア（旧グルジア）西部の固有種。 おもに小麦の交配目的に使用された。
エンマー小麦（学名 *Triticum turgidum, L., dicoccum*）	ファッロともいわれる。 古代の世界で広く栽培された。
デュラム小麦（学名 *Triticum turgidum L. durum*）	紀元前7000年頃、栽培化したエンマー小麦と年月をかけて交配した結果生まれた。 デュラムとはラテン語で「硬い」という意味。
フツウ小麦（学名 *Triticum aestivum L. aestivum*）とスペルト小麦（学名 *Triticum aestivum, L. spelta*）	フツウ小麦：特定のタイプのパスタ製品に使用。今日の栽培用小麦では中心的品種。スペルト小麦：青銅器時代から中世にいたるまで、ヨーロッパでは重要な主食用穀物だった。

デュラム小麦は、小麦の仲間では大粒でとても硬い。また、内胚乳は半透明だ。

は、ポリッジ（粥）くらいにしか使われなくなった。製粉や調理が容易という性質は、一定の種類の小麦の人気が高まる要因にもなった。そしてラテン語ではシリゴ（siligo）といわれるフツウ小麦（学名 *Triticum aestivum L. aestivum*）がパン作りには好まれ、パスタ作りにはデュラム小麦（学名 *Triticum turgidum L. durum*）を原料とするようになったのである。

デュラム小麦には、フツウ小麦とは染色体の数だけではない違いがある。冬に蒔くことの多いフツウ小麦と異なり、こちらは春に蒔く。またデュラム小麦の内胚乳《ないはいにゅう》［種子のなかの、発芽のための養分を貯蔵した組織］は半透明なため、穀粒が豊かな黄金色に輝き、その色と、胚乳に含まれる健康によいカロテノイド［天然色素］によって、パスタは金色になる。消費者は豊かな黄金色を高品質のパスタの証《あかし》とみなすため、小麦の育種家はデュラム小麦の交配を行なうさいに、より色素が増した、色が濃い品種にしようとする。それが長く続けられた結果、健康に寄与するカロテノイドの含有量が、現代のデュラム小麦とパスタでは増加している。またグルテンにはパスタを強く、割れにくくするという機能的特性があり、このグルテンの特性を豊富に備えたデュラム小麦は、アルデンテの（噛みごたえのある）パスタにするときに重宝される。[2]

デュラム小麦の一番きわだった特性は、その硬さとガラス質だろう。デュラム小麦の粒は、フツウ小麦よりはもちろんだが、硬質小麦のなかでも硬い。実際、デュラム小麦の硬さは硬質小麦のなかのダイアモンドと言われているほどだ。粒も、フツウ小麦よりはかなり大きく、セモリナの製粉業者は、デュラム小麦の内胚乳が外皮よりも大きな割合を占める点をとくに評価している。小さな内胚乳しかもたないものより、セモリナ粉や小麦粉が多くとれるからだ。

今ではデュラム小麦の製粉技術は大きく進歩し、この小麦固有の性質をうまく活かし、パスタ生産者の要求に応じられるまでになっている。大半の小麦市場ではセモリナ粉には最高の値段がつくので、製粉業者は取り出すセモリナの量を最大にし、廃棄分を最小限に抑えようとする。このためには、製粉機［2個のロールを組み合わせ、そのあいだを通して小麦の破砕や粉砕を行なう］のロールにきざまれた溝がごく鋭利でなければならない。できるだけ均一な破砕を行なってセモリナ粉にし、規格に合わない細かい小麦粉（微粉）を多く出さずにすむからである。

デュラム・セモリナ粉とそれ以外の小麦粉で作られたパスタを比較すると、前者のほうがゆでるときのくずれにくさも、味も舌触りもすぐれている。(3) デュラム・セモリナ粉がパスタの原料として理想的だと世界中で認められているのは、ダイス（鋳型）を通して成型でき、こしと弾力のある乾燥パスタをつくることができるからだ。また、このパスタは欠けにくく、乾燥させたり手で作業したり、包装や運搬を行なうさいにも形状や大きさが変わらない。

セモリナ粉は、パスタとなったときに、それがもたらすムラのない豊かな透きとおるような黄金色と、なめらかでにごりのない、しみや傷その他の異常がまったくない外観をもつ点が高く評価されている。ゆでてしばらくしてもしっかりとした弾力があり、おいしい木の実のような風味と香りがする。硬すぎてぼろぼろになることもなく、形はくずれず、のびにくい。ゆでた湯はそれほどにごらず、白っぽくなったり、とろみがついたりもしない。また、ほかの小麦粉との一番の違いは、セモリナのパスタはたとえゆですぎてもやわらかくなりすぎず、アルデンテにゆでると、しっかりとした噛みごたえがある点だ。

他の種類の小麦もパスタに使われてはいるが、消費者が一番好むのはデュラム小麦のパスタだ。デュラム小麦が不足しパスタの原料価格が高騰した時代には、パスタ生産者は、フツウ小麦の品種をブレンドして対応した。ただし記録からは、こうした策がとられるとパスタの消費量がきまって減少していることがわかっている。デュラム小麦の供給が回復すると、パスタ消費量も回復するのだ。(4)

セモリナ粉の粒の大きさについて、世界的な取り決めがあるわけではない。150〜550マイクロメートル［1マイクロメートルは0・001ミリ］が一般的だ。近年のパスタ関連機器の製造業者は、現代のパスタ押し出し機の性能で最高のパスタを作れるよう、より細かい粒にする傾向にある。だがそれより重要視されるのは、大きさにかかわらず、できるだけ大きさにばらつきがない粒をそろえる点だ。セモリナ粉の粒の動きが妨げられずに水とむらなく均一に混ざって、短時間で生地にできるからだ。「時は金なり」の製造業界では、製造所要時間の短縮は、通常は効率化、つまりコストカットを意味する。

デュラム小麦の製粉業者は、製粉するセモリナに異物（微細な金属片や小石、殻）が含まれないよう、作業に細心の注意を払う必要がある。異物があるとダイスに傷がつき、押し出したパスタの表面に筋が生じるからだ。製粉業者は注意深く工程を監視し、ブラン［小麦を挽いたときにできる外皮のくず。ふすま］や黒ずんだくずが混ざらないようにもする（完成品に混ざると非常に目立つ）。

製粉業者は実際に、一定の範囲においてセモリナ粉が含むくずを数え、その数をセモリナ粉の仕様書に記載して報告する。セモリナ粉のなかのくずの数が少ないほど、パスタ生産者にとっての価値は高い。精製と異物分離の工程は、最終製品であるセモリナ粉の品質にとって非常に重要だ。セモリナ粉の精製度が低いほど、パスタの品質は低下するのである。

●使える原料

工業生産の発展と食品技術の進歩とともに、パスタは広く流通し、その用途は増え、保管はしやすくなって消費期限は延び、そしてパスタがもつ価値はさらに高まっている。生産コストの低下と、自然や気候による阻害要因を技術的に解決したことで、パスタの人気はイタリアだけでなく世界中で高まった。20世紀末には、イタリア、ヨーロッパ、そしてアメリカのあらゆる層や民族がパスタを食べるようになっていた。パスタは、裕福な人はコース料理のプリモ（ひと皿目）として、忙しい人、裕福ではない人はそれだけで食事になるものとして、また子供や胃腸が弱い人たちは、ブロード（ブイヨン）やスープに入れたり、オイルやバターをかけたりして食べるようになった。

さらに、大量生産の時代になると、パスタに野菜のピューレや粉末やプロテインなどをくわえて栄養強化することも可能になり、それまでにない原材料も使われるようになった。こうした栄養強化タイプのパスタで一番わかりやすいのが、多くの地方で料理に取り入れられているエッグヌードルだ。20世紀が終わる頃には、ジェノヴァで、卵やサフラン［サフランの花の雌しべを乾燥させたも

食物繊維をくわえた強化パスタ。食事で食物繊維を多く摂取したい人たちには人気だ。

カラマリ（イカ）・パスタ。イカスミで黒く着色。

のを着色料に利用する」に代わり、安価な材料がパスタの着色に使われはじめた（サフランはベニバナに――さらにのちに合成着色料に――代わった）。

ナフタレンが原料の合成着色料、ナフトールを使ったパスタを見かけることもめずらしくなくなり、ナフトール単独、またはマルティウスイエローやトロペオリンイエローと混ぜて使用していることを袋にでかでかと書いたパスタも販売されるようになった。製造業者のなかには新鮮な卵をオーヴァス（ovus）といわれる合成卵に替えるところもあったが、これはかなり以前から市場には出まわっていない。アメリカの製造業者はこうした製品を評価せず、添加物を含まないパスタ作りをアピールしたため、高品質だという評判と、消費者の高い信頼を得ることにもなった。

注目すべきは、第一次世界大戦前のフランスにパットゥ・ア・ラ・ネージュ、つまり「スノー・パスタ」という「特殊なパスタ」があり、パリの市場ではイセエビの10から20倍もの値段で売られたことだ。乾燥させたジーティ・マカロニ［マカロニよりも太めの穴あきパスタ］を削って作ったこのパスタは、ゆでる作業を劇的に変えた。白く、雪のように軽いフレークは、すぐに水分を吸収し、あっという間にゆであがるのだ。さらに、「手作りのパレルモ風パスタ」という「特殊なパスタ」もあった。１キロの純粋なセモリナ粉に１３０グラムの塩を混ぜて作ったものだ。できたパスタは完全には乾燥しないが、塩分が多いため「醗酵」はするものの「腐敗」にまでは至らない。これは、ラヴィオリやトルテッリーニなど手作りの詰め物パスタの生地に使われた(5)。

パスタ生産者が小麦粉以外の原料を配合する知識を得るにつれ、パスタ生産の原則は、「こうすべきだ」というものから、「できることを行なう」というものへと変わってきた。第二次世界大戦終戦時には、セモリナ粉以外の低価格の原料を混ぜることが求められるようになり、セモリナ粉100パーセントと水だけを原料とするパスタにはめったにお目にかかれなくなっていた。あくまでも「特級」や「最高級のパスタ」を作りつづける生産者はごくわずかで、大半は、「上級、または1級のパスタ」、「標準、または2級パスタ」、さらには「3級」のパスタ製品ばかりを作る業者となっていた。

イタリアの「特殊なパスタ」には、水の代わりにのばしたトマトソースを使ってこねたものや、ホウレンソウやその他の野菜のピューレでこねたものもあった。そして、パスタ作りに野菜由来の着色や風味づけを利用する生産者は、簡単だからといって合成着色料や乾燥野菜の粉末やエキスに頼ることはなかったのである。

産業革命が栄養革命への道を開き、キューブ、マギー、クノール、リービッヒといった企業が栄養豊富な粉末スープやブイヨンのキューブを売り出したことで、女性を日々の面倒な台所仕事から解き放ったと言われている。19世紀末には、パスタ産業は、さまざまな薬効のあるパスタの生産をはじめた。ペプシンをはじめとする酵素や、鉄、乳酸リン酸カルシウム、ゼラチン、ビール酵母エキス、グルテンといった添加物をくわえたのだ。消化を助けたり、カロリーを増したりする目的でこうした添加物が使われたようだ。天使の髪といわれる極細パスタから、真珠や星、小穴、ニワトコの花の名をもつ小型のさまざまなパスタが、なんらかのブロード［肉と香味野菜でとるスープ］に

とても小さなアネッリーニ・パスタ。ゆでる前のもの。

入れて出されるようにもなり、これは病み上がりの人や子供など、特別な食事が必要な人向けのメニューだった。

グルテンの添加は、イタリア人哲学者、科学者で栄養学者のヤコポ・バルトロメオ・ベッカーリ（1682〜1766）が、パスタの栄養価を高めようとしてはじめたものだ。グルテン添加パスタは、当時のあらゆる「特殊なパスタ」のなかでもっとも成功したものと言えるだろう。デュラム・セモリナ粉に10〜15パーセントのグルテンを足して栄養強化するという習慣が生まれ、今日でも一部の製造業者はこれにならっている。

また、小麦のタンパク質の質と量を強化するために品種交配が行なわれてきたが、それにくわえ、従来にはなかったタンパク質を足してパスタ製品の改良、強化を行なうという、非常に実用的な方法がとられるようになった。乳清《にゅうせい》［牛乳からタン

グルテンフリーのパスタ。原料は米とトウモロコシで、ホウレンソウと人参で着色。

パク質の主成分であるカゼインと乳脂肪を取り除いたもの」や卵白、あるいは屠畜《とちく》したあとの血液を微細ろ過処理したものを、セモリナ粉の重量の10パーセント程度くわえる。できたパスタは栄養価が高くなるのにくわえ、ゆでるさいにも非常にくずれにくくなる。今日では、スキムミルクパウダーや大豆プロテイン、濃縮大豆プロテイン、ピーナツ粉、エンドウ豆やインゲン豆といった豆類や、亜麻の種子の粉までもが、パスタのラベルに原料として記載されているのを目にすることも多い。

パスタ生産者は、タンパク質の質と量にかんしてもセモリナ粉を評価している。タンパク質の量が多ければ、パスタは保存中の質も、食味もよくなるのだ。製粉業者は一般にデュラム小麦とセモリナ粉を、タンパク質の含有量をもとに価格づけする。タンパク質が多いほど価格は高くなるが、一定量を超えると、わずかなタンパク質の増加で価格が急上昇する。このためパスタ生産業者は、安価なセモリナ粉に卵白など中程度の品質のタンパク質をくわえて強化し、ゆでたり調理したりするさいの特性を大きく改善させるほうが経済的だと考えた。これは非常にうまくいき、卵白の添加は、今日のパスタ生産業者もごくふつうに行なっている。また卵白はごく安価とも言えないため、原料をあつかう企業で策にたけたところは、モノグリセリドやジグリセリド、あるいはジアチル酒石酸モノグリセリド（DATEM）といった一定の乳化剤をくわえるという方策をとっている。これらは高品質のパスタを生産するのに卵白と同じような効果があるものの、わずかな費用ですむのだ。

パスタはその栄養価と価格の安さと手軽さで人気を博した。だが手軽さを第一に掲げて開発したものは、ごく短時間で調理できはするが、味も食感も風味も約束できないパスタになった。登場したのは、電子レンジで調理可能なパスタだ。世界初の電子レンジ用パスタは、サンフランシスコに本社をおくゴールデン・グレイン・カンパニーが、1992年に発売した。パスタを湯に入れて電子レンジにかけて沸騰させ、さらに3分間沸騰させるとパスタが湯を吸収する。風味付けのチーズソースミックスであえ、ゴムのように味気なく、ベトベトした食感のパスタをごまかすという代物だった。消費者が評価したのは湯を沸かしパスタの湯切りをする必要がない点と、それまでのパスタ調理についてくる皿洗いが不要なところだったが、できあがったパスタの食感は、面倒な調理の手間がかからないことの代償とはいえ、お粗末なものだった。

さらに、電子レンジにかける時間がわずか2分というパスタが登場した。1980年代後半に、ニューヨーク州シラキュースのボーデン社の科学者、ダイアネシュウォー・「ダニー」・シャワンが、パスタにトリエチル・シトレート［食品・医薬品などのコーティング剤として使用される］を添加し、パスタを湯に浸す必要がなく、電子レンジにかける時間も2分ですむ技術を開発したのだ。パスタはゴムのようにも、ボソボソにもならない。栄養分をまったく失わず、食感がよく、黄金色もそのままだった。電子レンジ調理パスタの技術が生まれたことで、アメリカを象徴する一番人気の食品のひとつ、マック「ン」チーズは、時間に追われ、疲れて腹を空かせた家庭の主食の座についたのである。

●パスタを規定する

ピザや一定の種類のチーズなどイタリアを代表する食品と同じく、パスタの生産工程や流通、販売については規則がある。こうした法律はパスタ製品に求められる性質を確保するだけでなく、イタリアの「本能のままに送る幸せな生活(la dolce vita)」でのみ手に入る食べ物という評価を守るものでもある。パスタ生産にかんして初めて文書化された規則のひとつに「フィデーリ職人組合規約 Regolazione dell'Arte dei Maestri Fidelari」があり、これは1577年にジェノヴァの「フィデ(パスタ)職人」が作ったものだった。こうした規則は、マカロニ、麺およびさまざまな特殊な製品と、その原料やカテゴリー、事業における名称などについて正式な定義を明確にしており、「パスタ」という語は使われていない。

アメリカでは、1906年に連邦食品・医薬品法が成立したが、この法には、アメリカにおけるパスタ製品の生産と販売にかんする規則に割いた項があった。1931年には、小売り店も消費者も、売買するものに対して共通の理解をもてるよう、マカロニ製品の製造および銘柄に関連する規格と定義を収めた小冊子が発行された。10年のうちに数か国がこれにならったが、まっさきに取り入れたのがイタリアだ。

イタリアの場合、自国産パスタに対する一般のイメージ向上に力を入れた。イタリアのパスタが国際市場でアメリカのパスタにシェアを奪われつつあったからだ。この流れは、ムッソリーニのファシスト党政権による、パスタ作りにセモリナ粉と軟質小麦のブレンドを使用せよという命令を、イタリアのパスタ生産者がかわすのに絶妙のタイミングだった。1933年の法律では、デュラム・セモリナ粉と軟質小麦粉のブレンドで作った「ふつうのパスタ」や、卵やグルテン、麦芽《ばくが》、トマトその他の野菜など、小麦粉以外にも一定量の原料を使った「特殊なパスタ」と、「セモリナ粉だけを原料とするパスタ」を明確に区別した。

ドイツでは、1934年に、タイクヴァーレン、つまりパスタ製品を分類する法律を制定し、(a)卵を含むかどうか、(b)原料とする小麦の種類、(c)形状、を分類の判断基準とした。ここではパスタが5つの種類に分けられた。アイアー・タイクヴァーレン(卵のパスタ)、アイフライエ・タイクヴァーレン(卵を含まないパスタ)、グリース・タイクヴァーレン(セモリナ粉のパスタ)、ハルトグリース・タイクヴァーレン(デュラム・セモリナ粉のパスタ)、メール・タイクヴァーレン(小麦粉パスタ)だ。またヌーデルン(バントヌーデルン、シュニットヌーデルン、ファーデンヌーデルンに分類)、シュペッツレ、マッカローニ、レーレンヌーデルン、スパゲッティといったさまざまな形状も定義された。ドイツはアメリカ同様、品質よりも商品としての製品の種類を重視した分類だった。

フランスの法律は厳格で、すべてのカテゴリーのパスタにデュラム・セモリナ粉の使用を義務付けた。北アフリカの植民地で高品質のデュラム小麦が豊富にとれ、ふんだんに使えたからだ。三日月渓谷と北アフリカの旧フランス植民地は今日も、この地域のパスタとクスクスの商取り引きにおいて、この法律に準拠している。イタリアの規則が、デュラム・セモリナ粉をパスタに使用すべきとしたのは、ようやく1967年のことだ。だが欧州委員会はイタリア、フランス、ドイツの厳しい規格を採用せず、この3か国に対し、他の加盟国のパスタで自国の規格を満たさないものでも市場に受け入れるよう命じた。東ヨーロッパ、中東あるいはアジアには、この3か国の規格に類似する、デュラム小麦の使用を基本とする規則はない。デュラム小麦はこれらの地域で栽培され、クスクスなどデュラム小麦を使用した食品も、何千年にもわたり売買されているにもかかわらずだ。

アメリカでは、マカロニと麺にかんする食品識別規格とさまざまなカテゴリーにかんする特別規則を食品・医薬品局が有する。そのカテゴリーも、形状、筒状かどうか、サイズ、製品の厚みなど、15におよぶ。たとえばマカロニは、筒状で、セモリナ粉、デュラム小麦粉、穀粉、小麦粉、またはこれらのうち複数の組み合わせに水を使用したもの、と決められている（その他複数の原料をくわえてもよい）。また、スパゲッティはマカロニ製品であるとされ、硬く、棒状で（筒ではない）、直径が1・5ミリから2・8ミリまでのものとされた。

しかしなぜか、「パスタ」という語はアメリカの食品識別規格にはどこにも見当たらない。[6] このため定義のあいまいさが存在し、そうした点を理解していない新規参入者が実際には「パスタではないもの」を「パスタ」とラベルに表示して販売することになっても規制する手立てがないという問題がある。

「セモリナ」（英語）、セモーラ（イタリア語）、セムール（フランス語）という名は、通常、デュラム小麦からとれる、きめの粗い、ざらざらした小麦粉に使われる。アメリカのセモリナはフランスやイタリアのものよりもさらにきめが粗い。アメリカの食品識別規格は、デュラム小麦粉やフツウ小麦の小麦粉の使用をパスタ生産業者に認めているが、セモリナ用の粗い粒に、「100番のふるい［目の大きさが約0・15ミリ］の通過率が3パーセント未満」という項を設け、他の小麦粉の不正なブレンドが行なわれないように規制している。[7]

1990年代のアメリカでは、デュラム小麦の畑や鉄道の近くに、製造時間を短縮した新参のパスタ製造企業が次々と生まれた。だがその付近には製粉・パスタ生産・販売までを一手に行なうデュラム小麦の製粉所もあった。食品識別規格は販売用セモリナ粉のみに適用されるため、製粉からパスタ販売までをすべて自社で行なうパスタメーカーはこの規則の網にかからず、販売用に製粉されたセモリナを使用する企業に対し大きく優位に立ち、利益を上げた。規格外の細かいセモリナの粒は水と混ざるのが速く、かなり省エネルギーとなったのだ。

食品識別規格には、トマト、ホウレンソウ、ビートの根その他、パスタに使用する多数の野菜も記載されているが、今日のパスタに含まれているものを網羅しているわけではない。ただ、野菜のピューレやパウダーがデュラム・セモリナ粉の4パーセントを超えると、ゆでたときの質が落ちる。パスタ製品にはアマランサス、キヌア、ソバ、米でできたものもあり、これらは一般に、健康食という特殊な市場と、小麦アレルギーをもつ人向けのものだ。こうした穀物は本来デュラム小麦よりもタンパク質の含有量が少ないため、ゆでるさいにデンプン質を多く失い、やわらかいパスタができる。タンパク質はパスタの構造と食感を支えるものであり、デンプン質をとどめる働きもするのだ。パスタの電子顕微鏡写真を見ると、デンプン質がタンパク質の分子のあいだに収まり、それによって、ゆですぎたときのふやけを防いでいるのがはっきりと確認できる。

第3章◉パスタ作り

◉製粉から成型まで

ナポリ出身者がアメリカに移住してパスタに対する需要が増加すると、アメリカの商業用パスタ生産における技術革新が進んだ。移民による需要は、生産工程のオートメーション化や、アメリカでイタリアと同じパスタ作りが行なわれるのを後押しし、祖国から持ち込んだパスタ製品と同じものを職人が手作りしたり、さらには企業が工業生産を行なうまでになった。とはいえ、工業化したパスタ作りにあれこれ調整をくわえて利益の上がる事業にしたのは、アメリカ人の創意工夫によるものだ。ヴィンチェンツォ・アネージ（１８９３～１９７７）は、大量生産に対するアメリカ人の強い志向が、パスタを世界で愛される食品にしたのだと言ったが、これはもっともな指摘だ[1]。

パスタほど作り方がシンプルな食品はめったにない。デュラム小麦を粗いセモリナ粉に挽き、これに水をくわえて生地を作る。そして好みの形状にして、生、または乾燥させたものをゆでる。長年のあいだには細かな違いが少なからず生じてはいるが、作り方の基本工程は変わっていない。

　パスタ作りの第一段階は、小麦の粒の洗浄だ。水で洗うのは、汚れを落とすだけではなく、水分を含ませるためでもある。こうすると、内胚乳はやわらかく、あつかいやすくなるが、外皮は革のように硬くなる。製粉機のロールにはさまれたとき、この質感の違いによって、内胚乳は、硬い外皮とふすまへと簡単に分離する（バナナが皮から押し出されるときのように）。本来は石臼で行なった粉挽きは、現在では、表面に細かいノコギリのような溝がついたロールによる製粉に代わっている。

　現代の製粉作業では、決まった手順で穀物を洗浄して水を含ませ、なめらかに動くロールのあいだを通してつぶし、硬い外皮から内胚乳を取り出したのち、反転する2個の金属製ロールのあいだをいくどか通す。2個のロールの間隔はだんだん狭くなるよう、またロール表面の溝はしだいに細かくなるよう設定されている。こうして小麦は必要な細かさのセモリナ粉になる。またふるいと清浄機をいくどか通し、セモリナ粉に混ざったくずやふすまを取り除く[2]。

　セモリナ粉と水を混ぜるのは簡単な作業ではない。15世紀まで、パスタは家庭で作られていた。裕福な家庭ではごくふつうに見られたマディアという木の桶で粉と水を混ぜてこね、板の上で延ばし、成型するのだ。ついでながら、中世のマディアが、今日では骨董家具として高く評価されている。16～17世紀は、パスタ作りがしだいに「家庭での作業」から「商業事業」へと変わっていった時期だ。そうした事業体は公的な組織を構成するようになり、たとえばそうした組織が作る「フィ

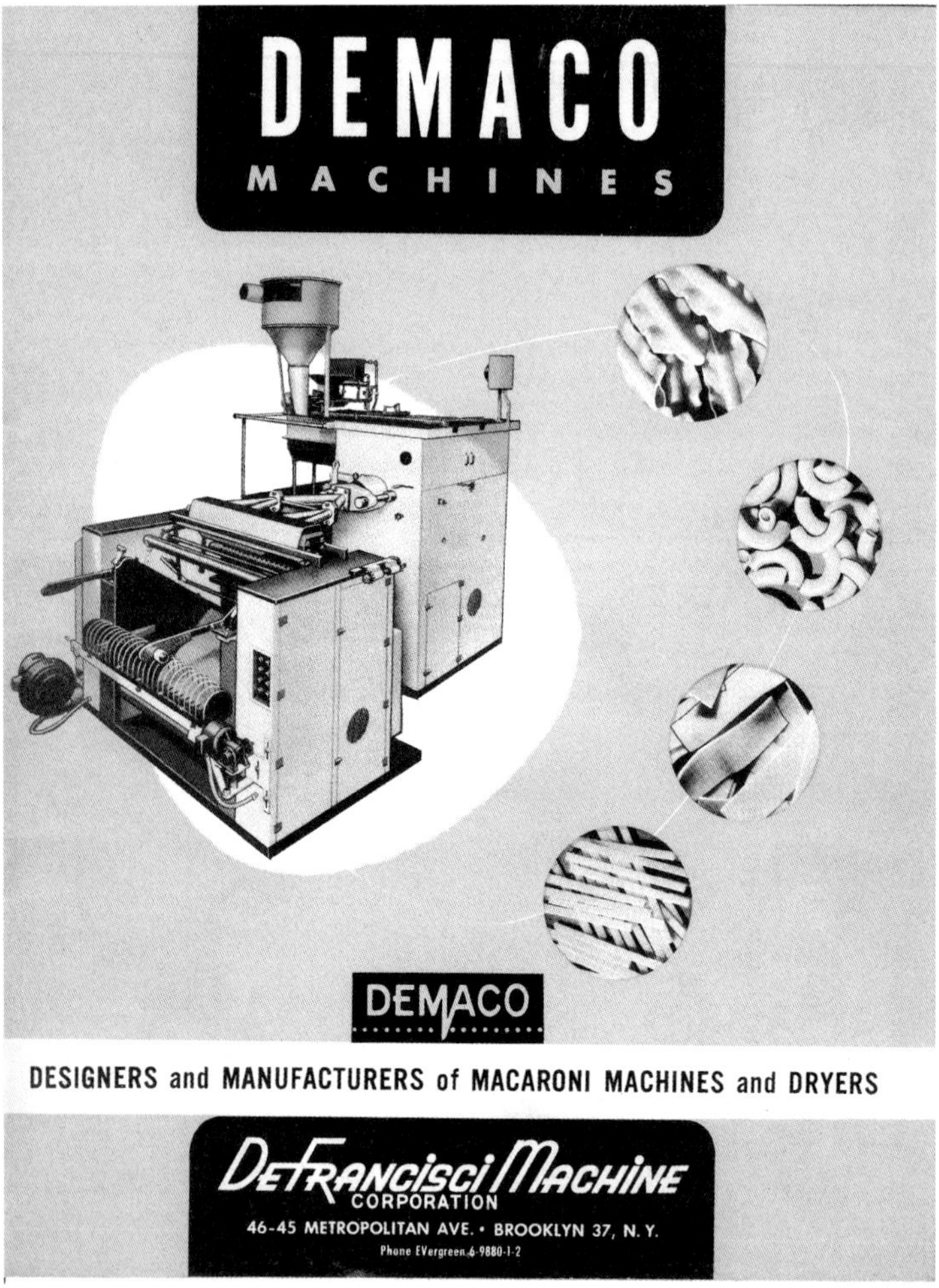

1950年代のデマコ社のパンフレット。ロングパスタの押し出し機と延ばし機。同社は1930年代に自動延ばし機を開発、人手を要しない、ロングパスタの連続生産への道をひらいた。

デーリ職人組合規約」といった規則では、技術と経験に基づき、親方から弟子まで、職人に明確な区別が定められていた。

14世紀から16世紀のあいだに、パスタ作りはイタリア全土でしっかりと確立し、競合するパン屋の職人組合に対抗してパスタ生産者の利益を守るべく、共同体や同業者組合（ギルド）が多数生まれた。パン屋も製品に小麦粉とセモリナ粉を使用していたからだ。有名なものに、1337年にフィレンツェで、1574年にジェノヴァで設立されたラザニャーリ（ラザーニャ職人）組合、1577年にサヴォナで設立されたフィデラーリ（フィデーリ職人）組合、1579年にナポリで、1600年代後半にローマとパレルモで設立されたヴェルミチェッラーリ（ヴェルミチェッリ職人）とパスタイ（パスタ職人）組合などがある。[3] しかしこうした職人たちが「工場」で使用していたのは、エトルリア人が千年以上前に使っていた簡単な道具とそれほど変わらないものだった。

言い伝えによると、ナポリの王フェルディナンド2世は、1834年にパスタ工場を訪問中にギョッとしたという。職人がマディアに入り、足で生地を踏んでこねていたからだ。これを見た王は、シチリアの技師チェーザレ・スパダッチーニにパスタの生地をこねる機械を作るよう命じた。こねる作業の機械化は、効率化というよりも、必要にせまられてのものだった。小麦粉をこねるさいには熱湯を使うため、素足で作業する職人がやけどすることがよくあり、それが悪化して化膿することもしょっちゅうだった。ただし、スパダッチーニが開発した青銅製のこね機「ブロンズ・マン」は衛生的ではあったが、うまくいったとはいえず、パスタ作りはその後も男性や少年たちの足

木製のグラーモラ。イタリア、バリラ・パスタ博物館。

踏み作業で行なわれることが大半だった。

　こね機の最古の図は、16世紀の書『機械 *Le Machine*』に、ジョヴァンニ・ブランカが描いたものだ。このグラーモラ・ア・スタンガ（レバー式こね機）は、レバーを押すと軸を通じて木製の棒が回転することで、麺打ち台やテーブルの上で生地をこねるという複雑な装置だ。リグーリア州やシチリア、プーリア州では、グラーモラ・ア・モラッツァが使われた。大きな石の盆と輪を組み合わせた装置で、旋回する挽き臼の盆に垂直に輪が乗っており、これが生地をこねた。

1843年にはバーリ県のパスタ生産者サヴァレーセが、馬力によるこね機と、パスタ生産用のダブルダイス式押し出し機の特許を申請した。このこね機はグラーモラ・ア・モラッツァにくらべると革新的とはいえなかったものの、45キロのセモリナ粉を30分でむらなくこねて生地にすることができた（従来の人力のレバー式こね機では3人組の作業で2時間もかかった）。ダブルダイス式押し出し機は、板を上下に動かして、ひとつの押し出し機から生地を押し出し、その間に、もう一方の押し出し機のタンクに生地を充塡する仕組みだ。

オートメーション化は避けられないものではあるが、みなに歓迎されたわけではなかった。1878年、4〜5人分の労働力に代わる自動ふるい機（振動して粉をふるった）が導入されると、ナポリのトッレ・アヌンツィアータの工場で暴動が起き、軍と激しく衝突した。およそ50人の労働者が投獄され、一部は刑期が6年にもおよんだ。このせいか、6年後に同じ工場で機械が導入されたときには労働力は半分になったが、まったく抵抗は起きなかった。その後数十年、機械の導入による効率化で失われた仕事はあったものの、生産量の増加によってそれをはるかに上まわる仕事が生まれ、一般に、パスタ工場では何千人もの労働者を雇っていた。

パスタ製造所で非常に重要な地位にあった押し出し機は木製のものが多く、人や動物を動力源とした。名が示すとおり、この機械は、生地を小さな穴から「押し出し」てシートやひも、その他の形状にするものだ。時代ごとに、手動、自動など、小さな穴を通して押し出す、さまざまなタイプ

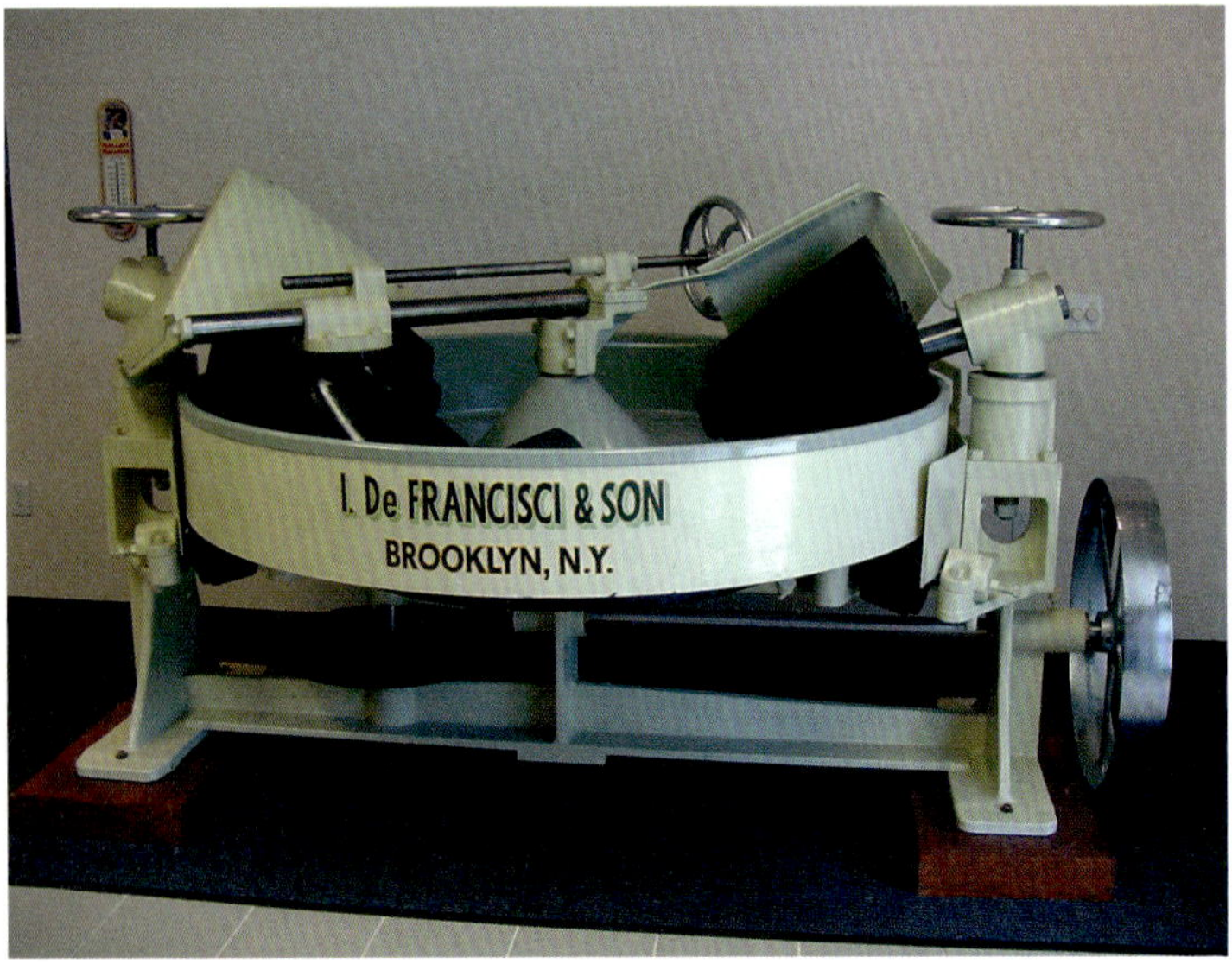

現代のグラーモラ。マカロニ用のデフランシシ＆サン・プレパラトリー・ドー・ミキサー。

の押し出し機が開発された。
18世紀初頭には、押し出し機の空洞部分にはブロンズが張られていた。ピストンは金属製、ダイスは銅だ。ピストンはこねた生地を押し出し機の空洞に詰め、さらにこねて、ダイスを通す。19世紀末には、蒸気や水力を動力源とする機械がパスタ作りに使われた。だが押し出し機の構造は、スピード化と効率化が進まない要因だった。生地を押し出すたびに、ピストンを引き抜いて生地を詰めなおさなければならなかったからだ。1922年にフェレオル・サンドラーニェが、フランスのトゥールーズにある「コルベイユの大水車」［元フランス王の製粉所］を利用するパスタ工場向けに、生地を次々とダイスに押し出す、ネジ式の連続作動する機械を作った（この技術は、今日の製造工程でも非常に重要な

木製のパスタ押し出し機。バリラ・パスタ博物館。

ニューヨーク、ブルックリンのデフランシシ＆サン社は、上部にプーリーとベルトを使うシステム［車にベルトを掛けて動力を伝えるシステム］を利用した産業用マカロニ製造機を1914年に製作した。

役割を果たしており、人間や動物向けの食品を作るだけでなく、プラスチック産業用のペレットなどの製品作りにも利用されている）。

この理論に数度の改良をくわえたのち、１９３３年にミラノの企業Ｍ＆Ｇブライバンティが、パスタ生産向けの押し出し用産業機械第一世代を発売した。この機械は「攪拌」「こね」「成型」の工程を連続して自動的に行なうことが可能だった。この４年後、ブライバンティは、さらに多くの機能をひとつにまとめた機械を製作した。原料の配分、攪拌、こね、成型の工程を同時に連続して行ない、パスタを生産するのだ（ここに含まれていないのは乾燥の工程だけだった）。この機械は

1937年にミラノ見本市で展示され、その後、スイスの企業ビューラーが、乾燥工程をのぞいた自動パスタ生産機を製品化した。

●乾燥

乾燥はパスタ作りでもっともむずかしい工程であり、パスタ生産者はこの知識を絶対に外部にもらさない[(4)]。ナポリのパスタは、自然乾燥が行なわれるかぎりは最高級の品質であり続けた（もっとも、ナポリ周辺地域がほかに類を見ないほどパスタ生産に適した気候に恵まれているという事実は、他地域がパスタの工業生産を導入しようとしてようやく認識されたのだが）。湿った温かい風シロッコと、乾燥した冷たい北風トラモンターナが交互に吹く気候は、パスタ生産における複雑で繊細な乾燥工程には好ましく、一番大型のパスタでさえ、乾燥に10日もかかることはめったになかった。

一方、他地域におけるパスタの工業生産では、乾燥に手をやいていた。大きな労働力が必要なうえ、酸化や白カビの発生、醱酵その他の損傷のリスクが伴う工程だったからだ。機械や工具を手がける企業とパスタ製造業者は、人工的に乾燥させるさまざまな方法を実験した。乾燥の機械化が利益にむすびつく点は、1875年から1904年にかけて20件ほどの特許が申請されていることからも明らかだ。ミラノの実業家ヴィタリアーノ・トンマジーニは、3段階式のパスタ乾燥に大きく貢献し、トンマジーニの理論は、その後の乾燥機の発展につながっていく。

まもなく世界中で、パスタの工業生産においては、人工乾燥が事実上の標準工程となった。乾燥

工業生産用の延ばし機。1950年。イグナツィオ・デフランシシはニューヨーク、ブルックリンで産業用マカロニ製造機を作り、パスタ生産にかかる時間を短縮した。

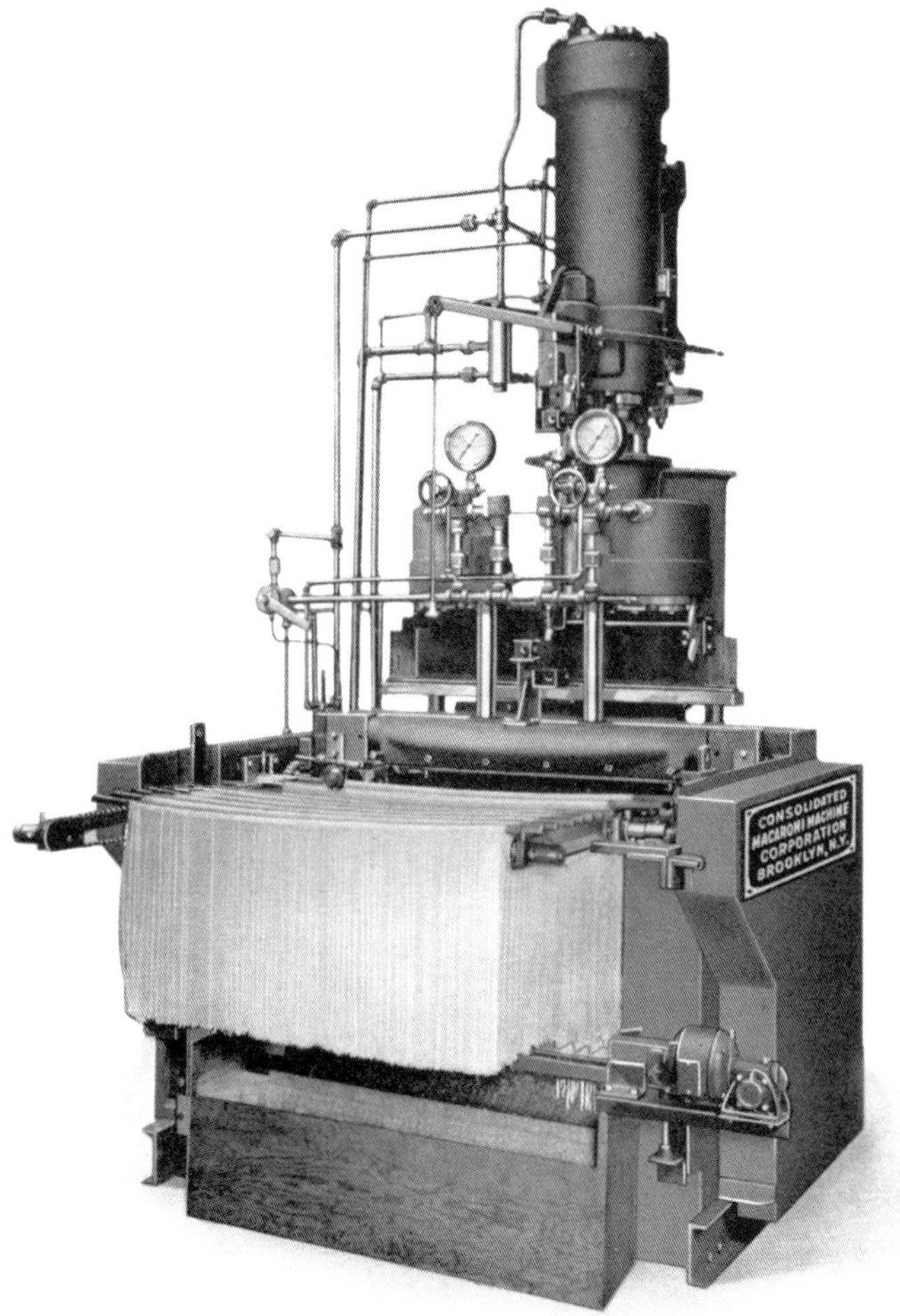

延ばし機付きの水圧式 IDF 押し出し機。ニューヨーク、ブルックリンの、コンソリデーティッド・マカロニ・マシン・カンパニーが製作。1937年頃。この機械は、長くカットしたアリメンタリ・ペースト製品（パスタ食品）を延ばして棒状のパスタを乾燥させる初の機械で、つまりスパゲッティの自動生産を行なうもの。

させる量やその地域の気候にもよるが、通常、乾燥には4〜6日しか要しなくなったのである。最初のうち、ナポリのパスタ生産者は人工乾燥の価値に気づかなかった。ナポリで乾燥にかかる時間は人工乾燥のせいぜい2倍ほどだったため、わざわざ乾燥機を導入しようともしなかった。しかし、乾燥機は乾燥時間を最終的に5分の1程度に短縮させたばかりか、乾燥パスタ作りの事業を、イタリア以外の国々でも十分に行なえるものにしたのだ。(5)

こうして、近代化した産業においては、自然の法則を理解したうえで理論と機械を導入し、使える技術が増していった。その結果、乾燥パスタはその誕生の地、ナポリから追いはらわれることになるのだ。マリア・オルシニ・ナターレの小説『フランチェスカとヌンツィアータ *Francesca e Nunziata*』(1995年)では、ナポリっ子のヒロイン、フランチェスカが、グラニャーノのパスタ製造業という一大帝国が乾燥機の出現によって滅び、忘れ去られていくのを目の当たりにする。フランチェスカはこう言う。「私には技術がある(……)水、小麦粉、太陽。それさえあれば大丈夫(……)ピエモンテの人たちは、私からパスタ作りを奪うことはできない。あの人たちには小麦粉と水はあっても、太陽はない。そして乾かす技術もない」(6)

●女性とパスタ

パスタの歴史を支えるのは女性だ。(7) 博物館や図書館に保管された文書や書物、道具類は、機械化の夜明けまで、パスタ作りを担っていたのは女性だったことを伝えている。また、機械があらゆる形状のパスタを成型でき、あらゆる作業を行なえるわけではない。器用な人の手を必要とする複雑な作業は女性にゆだねられていた。パスタの押し出し機は、シート状やリボン、ひも状、なかが空洞の筒、星や、真珠のような小さな粒のパスタの生産には使えたが、球体や非対称のもの、あるいは何度か折りたたむ作業が必要なパスタ作りにはまったく役に立たなかった。

パスタ生産が工業化したことで女性が不利益をこうむったのは間違いない。中世においては、パスタ生産はたいていが家庭内の仕事だった。女性はパスタ産業に参加し、そのあらゆる面を管理していた。そして女性は役割や責任だけではなく、さまざまな権利やある種の特権さえも男性と同等に有していた。事実、この時代の芸術家はパスタ作りを女性とむすびつけ、パスタ作りのさまざまな仕事を描くとき、女性だけを登場させている。

だが職人によるパスタ生産がはじまると、女性はわきに追いやられはじめた。機械の登場でパスタ生産の規模は拡大したが、それを作る労働者の肉体の強靭さやスタミナも必要になり、このため、女性の役割は少しずつ軽んじられるようになった。工業化はパスタ生産における作業者の職階制を生み、生産工程はいくつかの専門化した作業に分かれていく。そしてパスタの生産が職業として発達していくと、重要度の高い仕事は男性にまかされ、原則として女性は中心的役割からはずされた。初めて製粉が機械化されたときは、セモリナ粉をふるいにかける作業が女性にまわってきた。原料の準備とパスタの乾燥もそうだ（だが機械化された乾燥作業には重いものを持ち上げる力が必要だったため、この仕事は結果的に男性が担うことになった）。

もっとも、機械と男性があらゆる種類のパスタを作れたわけではない。ドミニコ会修道士のジャン＝バティスト・ラバ（ラバ神父ともいわれる。1663〜1738）は、ナポリの女性たちがパスタをオレンジ、メロン、カボチャの種に成型する腕をもつのに驚愕した。また、サルディーニャの女性がカレイや舌平目などの平たい魚や、大豆、エンドウ豆、レンズ豆といった豆類、さらには野菜の形にパスタを成型できることも記している。ラバ神父は、「パスタの成型は女性の仕事であり（……）修道女が行なうことが多い。とくに修道院では外に出なくてもよく、集中力もさほど必要ではないから女性特有の娯楽であるおしゃべりが妨げになることもない」[8]と書いた。1762年には、フランス人化学者のポール＝ジャック・マロワン（1701〜78）が、王室では聖金曜日［復活祭の日曜日の前の金曜日］に魚や野菜の形のパスタを食べる習慣はすたれたと述べている。

修道女はさまざまな地域で、特製パスタの販売、流通の中心にいたのであり、商業用のパスタ生産者は修道院を手ごわい競合者とみていた。修道女の製品の質が高く、宗教施設がもつ税制上の特権も有利に働いていたからだ。言ってみれば、俗世と宗教界のあいだの緊張にも男女間にあった競争が持ち込まれていたのであり、ラバ神父がイタリアを訪問した時代には、いわゆる強い性（男性）が勝ちをおさめていた。パスタ押し出し機とダイスの出現は、結果的にパスタ生産と販売から、女性の役割を奪ったのである。

作者不詳『パスタ食い』(19世紀)

●ダイス、成型、サイズ

パスタ押し出し機を考案したさいに発明されたダイス（鋳型）は、パスタの工業生産に非常に重要な役割を果たしている。ダイスは、パスタを均一に成型することがその大きな機能だが、パスタの成型という、生産工程で非常に時間がかかった作業のスピードアップもなしとげた。ダイスが導入されると人の手では成型不可能だったパスタも作れるようになり、可能性は無限に広がった。現代社会において世界で生産されているパスタの形状の種類は、控えめに見ておよそ600種、多めに見れば工場生産のものは1300種にもおよぶとされている。

これだけの数にのぼるのは人の創意工夫あってのものではあるが、同じ形状でもサイズが違うものに異なる名前がついていることにもよる。レオナルド・ダ・ヴィンチは、画家や化学者よりも料理人といわれるほうを好み、折を見てレストランを開き、パスタ作りの工業化にも挑んだことがわかっている。ダ・ヴィンチは機械とダイスを使って、ラザーニャの生地からタリエリーニ、つまりリボン状のパスタを作った。ダ・ヴィンチの『アトランティコ手稿 *Codex Atlanticus*』に描かれているのは、パスタ用ダイスの最初期の図のひとつだ。

パスタの攪拌、成型、乾燥は複雑な工程で、高度な技術と知識を要する。セモリナ粉にくわえる水の量はパン作りに使う量の半分ほどで、できた生地は乾いてボロボロになりやすい。攪拌は、セモリナ粉を湿らせるための工程だ。現代の攪拌機は、空気を抜くよう設計されている。空気があるとパスタに気泡ができやすく、半透明というより白っぽくなる。気泡はパスタの弱点でもあり、これがあると折れやすくなる。また酸素はセモリナの黄金色の色素を漂白し、チョークのような白い製品になってしまうこともある。

押し出しの工程にはらせん状の刃やスクリューで生地をこねる作業があり、こねた生地をダイスに押し出す。押し出しヘッド［押し出し機の先端部分］とダイスの形でパスタのタイプは決まる。ロングパスタには四角のヘッドとダイス、ショートパスタには円形のヘッドとダイスを使用する。

ダイス作りは複雑で、精度を要する。またパスタ工場が独自の形状のダイスを開発すれば、ほかにはない種類のパスタを作れる。生地をダイスの穴に押し出すさいには生地が圧縮されるため、パスタの強度が増し、ゆでてもくずれない、ひきしまったパスタが生まれる。古くからダイスの材料とされているブロンズを使用するとパスタの表面に細かい凹凸がつき（つまり水分を吸収しやすくなり）、短いゆで時間でアルデンテの食感が生まれ、またソースにもなじみやすいおいしいパスタができる。しかしブロンズは傷みが早く、形がくずれた製品もできやすい(9)。ステンレススチールや、ブロンズとアルミの合金は、ブロンズほどやわらかくはないがなめらかなため、押し出しの時間が短縮され、輝くような黄金色の肌のパスタが生まれる。ブロンズや鉄のダイスが傷つくのを防ぐためにテフロンやその他ナイロンで加工したものでは、硬いセモリナ粉でもなめらかな肌のパスタができ、ゆでるさいの性質も変わる。表面がなめらかなパスタほど水分をゆっくりと吸収するため、ゆで時間は長くなり、表面がくずれやすく、ゆでる湯は乳白色になる。

◉乾燥パスタと生パスタ

パスタの乾燥は間違いなく非常にむずかしい工程だ。あまりに短時間で乾燥させるとパスタはもろくなりかねないし、髪の毛のように細いひびが入り、検査も必要になってしまう。かといって時間をかけすぎると、パスタ自体の重さで下にのび、それこそスパゲッティ（細いひも）のようなパスタができたり、酸味が出たりカビが生えたりすることもある。

乾燥機は、生産するパスタの形状やサイズ、またパスタを生産する場所の気候にも合わせたものでなければならない。伝統的な機械乾燥は3段階――予備乾燥、寝かせ、本乾燥――からなるが、高温および超高温の乾燥機を導入したことで乾燥工程にかかる時間は大幅に短縮され、寝かせの工程は不要になった。[10] 今日のパスタの大半は高温で乾燥させたもので、昔ながらの低温による乾燥法を用いることはほとんどない。高温乾燥には「殺菌」という大きな利点もある。パスタは、含まれている水分のpHがおおむね中性であり、そこにパスタ生地の栄養分（エッグヌードルはとくに多く含む）があれば、サルモネラやブドウ球菌といった病原菌が繁殖するのに最適な環境なのだ。

生パスタ作りは、中世初頭のイタリアで、乾燥パスタの普及と同時に広まった。地中海沿岸に乾燥パスタ生産者が集まったのに対して、生パスタの生産はイタリア半島全域で行なわれた。ナポリとジェノヴァの乾燥パスタが大きな人気を博すと、生パスタの生産者は、理由はよくわかっていないが、中央および北部のいくつかの地域に移動した。生パスタの生産はとくにエミリア地方やトス

ナポリのマカロニ売り。1875年。

カーナ州でさかんで、この地域では手作り生産された時期が非常に長かった[11]。

　こうした地域のラザニャーリ（ラザーニャ職人）やヴェルミチェッラーリ（ヴェルミチェッリ職人）は、家庭でも真似できる簡単な生産手順を用い、特殊なタイプのパスタを作りだした。軟質小麦粉にデュラム・セモリナ粉と卵を混ぜて生地にしっかりとした食感を出し、ゆでてもくずれにくいパスタを作ったのだ。詰め物パスタの販売がいつはじまったのか、明確な証拠はない。詰め物パスタは家庭で作るのにぴったりだったが、長もちしなかったため、腐らせないように、女性は余った分を市場で売っていた。生パスタと詰め物パスタが本格的に販売されるようになったのは、トルテッリとラヴィオリの製造機が開発された１９２０年代のことだった。

職人手作りの生パスタと詰め物パスタにとって、腐敗は最大の問題だった。生のパスタと具は菌による腐敗に弱く、別々に乾燥させることも試したが、品質が低下しただけだった。1962年には、ヴェネツィアの生パスタ生産者ヴォルタンが、低温殺菌を利用して生パスタと詰め物パスタの消費期限を2週間まで延ばし、工業生産した生パスタの人気を高めた。1980年代には、ガス（窒素）フラッシュ包装［ガス充塡包装のひとつ］、鮮度保持包装、真空包装といった包装技術が使われ、生パスタの消費期限が冷蔵で約40日まで延びた。こうして生パスタの世界はイタリアからスイス、オーストリア、ドイツ、フランスその他のヨーロッパへ、そしてアメリカの大都市圏へと広がった。高まる生パスタの需要に応えようと、工場や小規模な工房が各地に次々と生まれたが、生パスタ生産において世界の先頭に立ち続けたのは、イタリアだった。

アメリカでは、1980年代後半に多くのファミリーレストランチェーンが生パスタをメニューの中心にすえた。成功したのはオリーブ・ガーデンである。ゼネラルミルズ社がフロリダ州オーランドにオリーブ・ガーデンの第1号店を出したのは、1982年のことだ。オリーブ・ガーデンはイタリアのパスタ料理をメインとする世界最大のレストランチェーンであり、世界で800店あまりを展開する。客は正面ロビーで生パスタが作られるのを見て楽しみ、生パスタをベースとした手ごろな料金の大皿料理を味わった。インターナショナル・ハウス・オブ・パスタをはじめとする、生パスタを出すレストランがこれに続き、なかでも有名になったのがマッジョーノだ。リチャード・メルマンが1991年に、シカゴのリバーノース地区付近に出したイタリアンスタイルのカジュアルなパスタレストランだ。現在、アメリカ、メキシコ、カナダ、北アイルランドに44店舗がある。

生パスタは多国籍企業からも注目され、クラフト社は最大の生パスタブランド、ジオルノを立ちあげ、ネスレ社は、現在、僅差でこれに続くブイトーニを所有する。生パスタを食べるともう乾燥パスタには戻れないという意見も聞くが、このふたつには実際には味や栄養に違いはないと言って、乾燥パスタから心変わりしない人もいる。

パオロ・B・アネージは、イタリアのリヴィエラ海岸にある町インペリアで、1824年にイタリア初の商業用パスタ工場を操業させ、家族は150年以上もこの事業を続けた。一方バリラ・アリメンターレ・ドルチャリアは、1952年まではパルマでパンの小売り店を営んでいた。だがその年、創業者のピエトロ・バリラは鋳鉄製のパスタ押し出し機を手に入れ、デュラム小麦粉と卵をベースとしたパスタを作って箱入りで売り出した。キャッチフレーズは「バリラ・パスタを食べると毎日が日曜日」だ。そして、まだパスタがブランドなどもたない商品だった当時に、まっさきに商標登録したブランドマークを使った[12]。それ以降、バリラはイタリアにとどまらず全世界で一番有名なパスタのブランドであり、世界最大のパスタメーカーだ。また、ジュリア・ブイトーニがイタリアのトスカーナ州サンセポルクロにパスタ工場をおき、デュラム小麦を原料としたパスタ生産をはじめたのは1827年。息子のジョヴァンニがグルテン含有量の多いパスタの販売を開始したのは、それから50年あまりのちの1884年のことだった。

第4章◉パスタの調理法

◉ゆで方

パスタをゆでる作業はむずかしくはないが、注意を払うことが必要だ。「ゆで方が完璧なパスタ」とは非常に主観的な概念であって、完璧なゆで時間やそのパスタの食感については、料理家やプロのシェフによって意見は異なるし、同じイタリアでも地域が違えば変わってくる。ギリシャ人はマッケローニをごくやわらかくなるまでゆで、パリのシェフは口でとろけるようなパスタにゆでる。一方ナポリっ子は一本芯《ネルボ》が残った、世界的にはアルデンテとして知られる有名なパスタが好きだ。[1] アメリカ人とカナダ人は、好んでパスタを長くゆでる傾向にある。

長年パスタをゆでてきた経験があっても、麺を湯から揚げるタイミングを人に正しく教えるのは簡単ではない。ゆでる時間はさまざまな要素に大きく左右されるものだ。周囲の温度や鍋の湯の量、

ソースパンでラヴィオリをゆでる。

塩を湯にくわえるかどうか、パスタの原料のセモリナ粉や小麦粉の質、パスタの形状や厚み、パスタ作りに使用したダイスの種類（テフロンでコートしたものかブロンズ製か）、生パスタであれば生地の小麦粉と水分の割合、そして乾燥パスタの場合は製造してからどれくらい経っているかも関係する。

生パスタは短時間でゆであがるので、パスタを入れたあと鍋の湯が再沸騰したら、すぐにゆで具合をみなければならない。乾燥パスタは、とくにデュラム・セモリナ粉が原料のものは、パスタの芯の硬い部分がなくなるまでゆであがるのに15分ほどかかることもある。一方で小麦粉が原料のパスタ製品は、パスタを入れて湯が再沸騰したら3〜4分でゆであがるものもある。

アルデンテとは、いまやパスタをゆでるときに必ず耳にする言葉だが、第一次世界大戦前にはそれほど知られていなかった。(2) この言葉は適度にゆでたパスタの食感をいうもので、言葉どおりの意味は「歯ごたえのある」、もっと正確には「噛みごたえがある」ということだ。これはゆでたパスタの食感の特徴を説明しており、ふやけても半生状態でもだめで、「芯」がわずかに残っている状態だ。この状態にするためには、ゆで方に書かれている時間の3〜4分前にパスタのゆで具合を確かめる必要がある。

パスタはゆでたらすぐに食べるのが一番だ。パスタの湯切りの仕方にかかわらず、冷めず、のびないように、すばやく作業する。湯切りしたパスタを、バターひとかけや、オリーブオイルやチーズであえるとからみあうこともなく、味や食感も増す。

歴史家のあいだでは、たっぷりのお湯でパスタをゆで、ゆでた湯を捨てるやり方は、まったく理にかなっていないという意見がある。イタリアで乾燥パスタが開発され人気を呼んだ当時に主流だった、湯を節約するゆで方に反するものだと言うのだ。ルネサンス期のゆで方の説明には、ゆで時間は書かれていないのがふつうだったが、文献からは、パスタが一般に口のなかでとろけるような食品だったことがうかがえる（だからパスタは今日もほっとする食べ物だと思われているのだろう）。

17世紀が終わる頃、素人シェフのジョヴァンニ・デル・トゥルコが、一般の人々向けにわかりやすいパスタのレシピを提供しようとし、ゆであがったパスタを火からおろしたら冷水をかけて「パスタをひきしめる」ことを推奨した。その後のイタリアの家庭では、市販の乾燥パスタをゆでるときにはこの方法が一般的となったが、およそ150年後の1839年、イッポリート・カヴァルカンティが『調理の理論と実践 *La Cucina teorico-pratica*』で、「大鍋にたっぷりの湯でゆで、長くゆですぎない」という、マッケローニとその他パスタのナポリ式ゆで方を、初めて紹介した。[3] 以来、これがイタリア式のパスタのゆで方となり、世界でも受け入れられることになった。1958年には、イタリア最古のパスタ製造業者であるパオロ・アネージ&サンズ社の技師、ヴィンセンツォ・アネージが、小さな火力で、ゆでる作業にそれほどつきっきりにならずにすむゆで方を編み出した。[4] この手順はアネージ社のパスタの箱に印刷され、とても簡単だったために広く行きわたった。

生および手作りパスタのゆで時間はとても短いため、パスタを出す食器や、さらに調理する場合に必要なものをすべて、事前に準備しておくことが大切だ。

●ソースの役割

ソースはパスタに香りや風味をくわえてくれる。シンプルで世界的に人気のあるトマトソースから、世界の名だたる料理に使われるめずらしい高級ソースまで、さまざまなものがある。とはいえ、マイルドなソースの香りや味を引き立てる土台となるのはパスタであり、調味料や薬味の味や刺激が強すぎないように抑えてくれるのも、またパスタだ。パスタにはほとんど調味料が不要の場合もあるくらいだが、一方で、ごく簡単なソースにも合うし、高い技術と時間を要する手の込んだ料理と組み合わせてもよい。パスタに合わせるソースや料理それ自体にも歴史があり、パスタ好きのなかには、なにを合わせるかについては信者のような人もいる。

パスタのパートナーのなかでもチーズは歴史が一番古く、基本となる食材だ。パスタとチーズの

◉アネージが推奨する乾燥パスタのゆで方

1. 大鍋に、乾燥パスタ100グラムにつき約1リットルの冷たい真水と塩大さじ1 ½を入れる。強火で沸騰させ、パスタを全量、一度に鍋に入れ、木製スプーンか長いフォークでしっかりかき混ぜる。
2. 鍋の中身がなるべく早く沸騰状態に戻るよう、鍋にふたをする。沸騰をはじめたらふたをとり、2分間沸騰させる。
3. 火を止めてよくかき混ぜる。ソースパンに厚手のふきんをかけて、その上からしっかりとふたをし、パスタの包装に書かれているゆで時間になるよう、そのままおく。
4. パスタの湯切りをするが、全体がぬれている程度にしておく。

◉著者推奨の生パスタのゆで方

1. 生または手作りパスタ450グラムに対し、3.8リットルの水と大さじ山盛り1 ½杯の塩を用意し、火にかける。沸騰したら、パスタの全量を一度に入れる。パスタが鍋の底に沈むので、木製スプーンや長いフォークでよくかき混ぜる。
2. 鍋の湯を再度一気に沸騰させる。沸騰すると、パスタは短時間でゆであがり、湯の表面に浮いてくる。ゆで時間は、パスタのサイズや厚み、またパスタの原料がセモリナ粉か、デュラム小麦粉か小麦粉かにもよるが、2分から5分程度だ。1分たったらゆで具合を見ること。
3. ゆであがったパスタをざるにあげ、1～2度振って余分な湯を切り、皿や、さらに熱をくわえたりソースとあえたりする場合はソースパンに移す。

組み合わせは中世の美食家にも非常に人気があったので、中世の料理の本『料理の書 *Liber de coquina*』に登場する20年ほど前にはすでに文学作品に登場している（たとえばフランシスコ会士年代記者サリンベーネは、修道士であるラヴェンナのジョヴァンニが、ラザーニャとチーズをむさぼり食べるようすを描いている）。1284年に編纂されたこのイタリア料理のレシピ集には、ラザーニャとおろしチーズを合わせた料理が掲載されている。

パスタとおろしチーズの組み合わせは中世の料理の世界に深く浸透していた。ドミニク会士のラバ神父は、17世紀末頃の多くの国々の宿屋では、熟成したチーズをおろしてたっぷりしきつめた上にパスタをのせ、「挽いたシナモンかコショウ」を添えて出していると記している。そして、金に余裕がある人には、ゆでたてのパスタを溶かしバターとおろしたチーズであえたものが出されたという。現代のマカロニチーズのはしりともいえるパスタ料理だ。バターに手の届かない一般大衆はラードを使った。ひところナポリのマカロニ売りは、豚の脂とおろしチーズでコクを出した、ブロード入りパスタを売っていた。

16世紀には砂糖が一種の香辛料として扱われており、イタリア宮廷の高級料理で一番使われるのは砂糖だった。デザートという概念はまだ発達しておらず、食事では甘い料理も塩辛いものも一緒に出てくることも多かった。砂糖は、シナモン、ジンジャー、クローブとともに、パスタ生地や、ラヴィオリやトルテッリーニの詰め物の味つけによく使われた。イタリアの名門エステ家の家令、クリストフォロ・ディ・メッシスブーゴは、砂糖とスパイスの使用量が多いほど、上流階級に位置するとの考えを述べている。砂糖を使った料理を食べるのは、おもに社会のエリート層だったからだ。そしてメッシスブーゴは、ナッツ、レーズン、肉、おろしたチーズ、卵を合わせたものに、大量の砂糖とスパイスをくわえる調理法を紹介している。砂糖を使う調理法はとても人気があったため、ルネサンス期に生まれたパスタのレシピで、砂糖まみれでないものはほとんどない。一方、フィレンツェの紳士で料理の専門家ドメニコ・ローモリは、1560年に、ルネサンス期のレシピを広く集めた『特別な教え *La singolare dottrina*』を書いたが、これにはパスタを特製ソースとグレイヴィー・ソースで味つけするという記述がある。

こうしたソースの調理法は、しだいにパスタ料理というひとつの大きな分野に成長していき、パスタが塩味のソースと組み合わされるようになっていった。ローモリは、鶏や狩猟の獲物でとったブロードでパスタをゆでるという方法を考案した。バルトロメオ・スカッピの『料理術 *Opera*』（1570年）には、四旬節［キリスト教会暦で復活祭前の40日をいう。信徒は質素な食事をとる］のマカロニのレシピには、アグリアータか、わずかに酸味のある緑のソース、ヴェルデが必要だとある。アグリアータは、ニンニクをきざんでクルミ、コショウ、湯に浸したパンくずと混ぜたもので、ヴェルデは、香りのよいハーブと湯に浸したパンくずのソースだ。

またデル・トゥルコは、まったく砂糖を使用せず、マッケローニを溶かしバター、パルミジャーノチーズ、おろしたシナモンであえた、マッケローニ・アッラ・ヴェネツィアーナ（ヴェネツィア風マッケローニ）のレシピを考案している。ペルージャのサン・トンマーゾ修道院の修道女、マリア・ヴィットーリア・デッラ・ヴェルデがパスタ用に作ったのは、すりつぶしたクルミを湯で延ばし、コショウとサフランで味をととのえたソースだ。このクルミのクリームソースから、リコッタチーズやパン粉、砂糖をはじめとするさまざまな食材を使う郷土料理が生まれ、今日もジェノヴァ地域では人気が高い。

イタリア半島のソースは地域ごとに特色をもち、牛乳にパン粉を浸しただけのシンプルなものから、きざみタマネギを強火でラードで炒め、火を弱めてマカロニを入れ、おろしチーズ、コショウ、シナモンであえるといった、変わった組み合わせのものまである。豚、鶏、またはウサギの新鮮な血をマルツァパーネ〔砂糖とアーモンドを挽いて練り合わせたもの。マジパン〕とレーズンに混ぜたものは、ピエモンテ料理の定番ソースだった。

ペーストとトマトソースは今も世界中で人気がある。バジルペーストの一番古いレシピは、1863年に出た『ジェノヴァの料理書 *La cuciniera genovese*』に掲載されている。ペーストの基本となるソースはずっと以前に存在したものの、これはセージ、ロケット（ルッコラ）その他、風味豊かなハーブを使い、「バジル抜き」のものだった。バジルは中世の末期にヨーロッパに入ってきた。ヴァスコ・ダ・ガマがインドへの初航海から持ち帰ると、バジルペーストはあっという間にジェノヴァの郷土料理に使われるようになった。[5] これはジェノヴァ以外ではあまり知られてはいなかったが、イタリアンレストランの人気が高まり、それに伴ってボトル入りのペーストソースが発売されたアメリカでは、1980年代にパスタとバジルペーストの組み合わせが人気となった。

●トマトソースの誕生

パスタの歴史において、トマトソースを使うようになったのはずっと後のことである。トマトソースは短期間で人気のソースとなったが、そうなるまでにはトマトに対する誤解もあった。またトマトとパスタについて記した文献も、意外に乏しい[6]。アメリカ大陸から持ち込まれて以降、トマトがイタリア料理の中心的存在になったというのは神話にすぎないのである。

トマトはスペイン人コンキスタドール［コロンブスのアメリカ大陸発見以後、一攫千金を夢見て赴いた探検家たちの総称］によって、ペルーからヨーロッパの植物学者にもたらされた。この学者たちは1550年代にポモ・ドーロ（金色のリンゴ。トマトのこと）について記し、これをソースに使用することを推奨した。だが、ナポリのスペイン総督のシェフ、アントニオ・ラティーニが、『現代の執事 *Lo scalco alla moderna*』でアッラ・スパニョーラ（スペイン風ソース。トマトソースのこと）のレシピを発表したのはその1世紀後の1692年。トマトソースとパスタの組み合わせが初めて登場するのは、さらに1世紀のちの1790年にローマのシェフ、フランチェスコ・レオナルディが著した料理書『現代のアピキウス *L'Apicio moderno*』だった。

トマトを調理に取り入れたのはパスタの歴史上まだ新しいことではあるが、トマトは世界中でソースに欠かせない食材となっている。とくにイタリア南部で顕著だ。トマトを使ったパスタ料理のレシピを初めて書き残したひとりに、なぜかフランス人のグリモ・ド・ラ・レニエールがいる。ナポレオン時代の『食通年鑑 *L'Almanach des gourmands*』（１８０３年）に書いたものだ。カンパニア州から運ばれるサンマルツァーノ種のトマトは味も品質も並ぶものがなく、今日も、有名なナポリタン・ソースを作るのに重要な役割を果たしている。

『食通年鑑』から数十年後の１８３９年、トマトを使ったパスタのレシピが、ナポリの著名人、イッポリート・カヴァルカンティによって発表された。イタリア人美食家のペッレグリーノ・アルトゥージが書いた料理の聖典、『料理の科学と正しい食事法 *La scienza in cucina e l'arte di mangiar bene*』（１８９１年）では、ナポリ風マカロニにトマトソースが使われた。そしてこの「聖典」では、トマトソースはナポリのパスタには欠かせないものとされ、アンチョビ、ケイパー、ニンニク、カイエン・ペッパー、ブラックオリーブで味つけしたプッタネスカソースから、挽き肉とトマトを使ったボロネーゼソースまで、幅広いトマトソースが紹介されている。

イタリアのパスタ料理におけるトマトソースの役割は、イタリア以外では実際よりも大げさにとらえられがちだ。イタリア料理とはトマトソースをかけたパスタだと思っている人が多いが、トマトソースが初めて作られたのは１７９９年と、歴史は浅い。アメリカで「トマトソース」と言えば、濃縮トマト、塩、ハーブ、スパイス類と、ときには肉やシーフードを合わせた市販のソースのことだ。またアメリカ独特のソースにマリナーラソースがある。これは、バジル、オレガノ、チャービル（フレンチパセリ）、パセリなどのハーブ入りのシンプルなトマトソースだが、マリナーラという名（沿岸や船旅を意味するイタリア語からきたもの）に反して、アンチョビもシーフード類も入っていない。アメリカ以外のたいていの国では、「マリナーラ」と言えば、シーフードとトマトのソースだ。

このほか、トマトソース関連では、東海岸のイタリア系アメリカ人が、トマトソースを「グレイヴィー」、「トマト・グレイヴィー」、「サンデイ・グレイヴィー」と言う点も独特だ。こうしたソースは、ナポリでパスタにかけるラグーとよく似ており、煮込んだ肉が大量に入っている。さらにアメリカでは、ミートソースやマリナーラソース、また野菜やおろしチーズのソースなど、さまざまなタイプの調理済みトマトソースのことを、「スパゲッティソース」、「パスタソース」という。

●腹を満たすパスタ、グルメ向けパスタ、パスタサラダ

時代が近代から現代になろうとする頃、パスタ料理はひとつの分野として確立したが、18世紀の高級料理では食事のはじめに出されるものでしかなかった。パスタすなわち典型的な家庭料理という認識が一般的になるには、それから丸々1世紀を要するのである。

富裕層の食べ物であると同時に貧困層に最低限必要な食をまかなうものでもあるというパスタの二面性は、食事をとるさいの順番と位置づけにまで表れていた。上流階級のディナーの席ではパスタはつねにコース料理に組み込まれており、いくつものスープ類のひとつから副菜へ、そしてイタリア料理の中心にあるプリモ（主菜の第一の皿）へと進化していった。これに対し貧しい家庭では、パスタは食事そのものとなった。

銀製のパスタまたはマカロニ・サーバー。1856年にアメリカで特許をとった製品。すべりやすいマカロニやスパゲッティを取りやすいように作られたもので、イギリスよりもアメリカでよく使われている。

パスタだけで成り立つ食事は、質素な夕食にかぎったものではない。パスタは中世の文学では、満腹になるごちそう、それだけですべてを満たす食事の代表として描かれている。サリンベーネによる修道士ジョヴァンニ・ダ・ラヴェンナの描写、ボッカチオが描いたベンゴーディの理想の食事、そして、ポッジョレアーレの庭園でナポリ副王が労働階級のために設けた宴会などがそうした例だ。マカロニは、ナポリの富裕層の食事では長くプリモとされてきたが[7]、ルネサンス期の料理家はパスタを格下げし、肉の付け合わせや、ブロードで煮た鶏の覆いとして用いた。鶏肉をパスタで覆うという盛りつけ方は18世紀に宿屋やレストランに広がり、肉や鶏を出すときのこの調理法は「アン・クルート」として今も続いている。だが今日では、パスタの代わりにフィロ［ごく薄いパイ生地］やペス

「スキナーのディナー」。スキナー社（アメリカ）のパンフレット。1950年代。

トリー生地が使われている。[8]

皮肉にも、アメリカにおいてパスタとイタリア料理が手をかけない料理や貧しい食事の代名詞となったのは、イタリア人移民によるところが大きかった。祖国イタリアではバラエティ豊富な料理とレシピを楽しんでいたのに、洗練されていないアメリカ人の味覚に合わせて、手っ取り早くまた利益の上がるものとして、トマトソースとミートボールとパルメザンチーズという、判で押したような料理を広めたのだ。その結果、1960年代、70年代、80年代には、パスタは、簡単な料理を作るひまもない「洗濯日」や、キッチンの食品棚や財布が空っぽの「余裕のない日」に食べるものとなった。雑誌は缶入りトマトペーストやミラクルホイップ（北米でマヨネーズ代わりに使うもの）、ケチャップで作るパスタソースのレシピを載せた。スープ製造業者は手軽なひと皿料理の流行に飛びつき、だれもが簡単にできるレシピを提供した。乾燥パスタ、またはゆでたパスタ、半ゆでパスタを、市販の缶入りスープ（稀釈用または稀釈不要のもの）と混ぜ、おろしチーズや、缶詰のエンドウ豆やマッシュルームを添えるだけでいい。材料を混ぜたらオーブンで1時間ほど焼き、パン粉をくわえて仕上げに10～15分ほど焼いて表面をカリっとさせる。

この当時のアメリカの代表的料理「ツナ・キャセロール」は、エッグヌードルとツナ缶で作り、トッピングには砕いたポテトチップス（クリスプ）や缶詰のフライドオニオンを使うことが多いものだが、現在もアメリカの一部地方では、その手軽さから――新鮮な食材を用意する必要がない――とくに洗濯日にはよく出てくる料理だ。「ツナ・モルネー」は、小麦パスタで作るオーストラリア版のツナ・キャセロールで、モルネーソースを使い、缶詰のエンドウ豆やコーンをくわえることもある。モルネーソースは、チーズとベシャメルソースを混ぜるか、チーズだけのシンプルなソースだ。

マカロニサラダは人気の一品で、冷やして出す数少ないパスタ料理だ。一般に、ゆでたエルボーマカロニやシェルパスタに角切りの生のタマネギ、セロリをくわえマヨネーズであえて、塩、コショウで味をととのえる。ポテトサラダと同じように出し、バーベキューの肉やその他、ピクニックのランチの主菜の付け合わせにすることも多い。国や地域によって、ミニトマトやツナ缶を使ったものなどバラエティに富む。ハワイでは、マカロニサラダはプレートランチ［1枚の皿に1食分が盛りつけられたもの］にのっていることが多い。プレートランチとは、19世紀の植民地時代にはじまったとされるハワイの食事形態だ。ハワイの人々は、マカロニサラダを「マック・サル」あるいは「マック・サラダ」と呼び、豆腐やスパム、エンドウ豆その他、ハワイの多民族社会を反映した食材も使用しており、日本、韓国、中国、フィリピン、ハワイ先住民、アメリカの影響がみられる。オーストラリアではマカロニサラダはパスタサラダといわれ、ゆでたシェルパスタで作るのが一般的だ。

1980年代後半のアメリカでは、それまでにない新しいタイプのパスタがどっと登場した。トマトパウダーやビーツの根を使った赤や紫の斬新なパスタから、ショウガとニンニク、レモンとコショウ、カレーと人参を組み合わせるといった衝撃的なパスタまで生まれた。降ってわいたようなこの流行のなか、調和のとれたおいしいパスタ製品もできたが、組み合わせの悪いとんでもない代物も生まれた。イタリアの伝統を守る人たちは、正統なイタリア式パスタ料理をちゃかすものだと憤慨したが、市場は粗悪品と良品とをうまく選り分け、世界のパスタ産業に予期せぬ恩恵をもたらしたのである。

この進化の結果、パスタの「イメージは変わった」。長いあいだ移民や貧困層の安価な食べ物とみられてきたパスタがグルメ向け食事に昇格し、街角の食堂で出す、スパゲッティにミートボールがのっただけという安いメニューの、5倍から10倍もの価格がついた料理が登場した。「パスタ」という言葉は、富裕層向けに「マカロニ」と「スパゲッティ」を意味するようになり、レストランは、魅力的な名のついたさまざまなパスタ料理を出すようになった。イタリア人シェフは新たにヌーヴェル・キュイジーヌ［フランス料理の新しい傾向の料理］も取り入れるようになり、イタリアのレストランでは——スシ作りと言ったほうがいいような——最小限しか手をくわえないパスタ料理も出した。具材やソースにも、アヴォカド、職人による手作りチーズ、ソーセージ、燻製の魚、クルミ・オイル、さらにはウォッカまで、イタリア料理には耳慣れない食材が登場した。そして郷土料理とスローフード［地域の伝統的食材や調理法を見直し、食を根本から考え直そうとする運動。１９８０年代後半にイタリアで起こった］に対する興味が増したことに後押しされ、ヌオーヴァ・クッチーナ［新イタリア料理］は、高級料理へと変身していった。「異国風《エキゾチック》」という言葉だけでは表現できない、現代のパスタ料理が誕生したのである。

第5章 ● 現代のパスタ

イタリアの将軍であり政治家だったジュゼッペ・ガリバルディ（1807〜82）は、イタリアを統合するのはスパゲッティだろうと予言し、それは的中した。パスタはイタリア人をひとつにまとめたのにとどまらず、どの国の料理よりも、世界という戦場でより多くの人々を制圧した。イタリア人批評家、ジュゼッペ・プレッツオリーニはこう問わずにはいられなかった。「スパゲッティにくらべれば、ダンテの栄光などどれほどのものだろうか」

●アメリカに渡ったパスタ

パスタが初めてアメリカに渡るきっかけを作ったのは、政治家、哲学者、発明家、作家、建築家として著名なルネサンス的教養人、アメリカ合衆国第3代大統領トマス・ジェファーソンだった。ジェファーソン大統領は、興味をひいたことはすべて自分で試さずにはいられなかった。時計もマッチも、ブドウ栽培も、パスタもそうだ。ジェファーソンは1784年から89年にかけてフランス大使としてパリに駐在し、この間にパスタのとりこになった。パスタをどう作り、どんなパスタができるのかを究明しようとした。マカロニ製造機について、ジェファーソンは次のように記している。

ナポリでは、イタリア最高品質のマカロニは、セモリナという特別な小麦粉で作るものとされる。だがたいていの店では、通常はセモリナ以外の小麦粉を使う。小麦粉でも、高品質で細かく挽きすぎていないものであれば、非常にいいパスタができる。生地は小麦粉、水、それにパン作りよりも少量のイーストを使う。この生地を、一度に少量、大さじ5〜6杯くらいずつ、円筒形の鉄製の箱に入れる。箱の下部に開いている穴に生地を通すのだ。ネジをまわして生地を押し、箱から出てきたときにはマカロニの形になっている。長すぎる場合は切り、広げて乾燥させる。(1)

ジェファーソンの依頼でウィリアム・ショートは1789年にナポリでマカロニ製造機を購入し、ジェファーソンがアメリカに持ち帰れるようパリに送った。ジェファーソンは機械の到着前にパリを出発していたため、機械は1790年にフィラデルフィアに送られ、その後1793年に、ジェファーソンの邸宅とプランテーションがあるヴァージニア州モンティチェロに到着した。また、ジェファーソンがフランスのル・アーブルから送ったマカロニふた箱が1790年にアメリカに到着しており、これが、1世紀ほどのちの、アメリカによるパスタの大量輸入のはじまりだとされる。

1880年から1920年までにイタリアからアメリカに移住した400万人のうち、300万人は1900年から1914年までに渡っており、多くが南イタリアからの移民だった。彼らにとって、パスタは郷愁を誘われる心やすらぐ食べ物だった。1914年から1918年までの第一次世界大戦時には移民とパスタの流入が途切れ、年間の輸入量は、1914年の3400万キロから1万3600キロまで落ち込んだ。終戦後には再度移民の流入がはじまるが、1921年の割当移民法が移民を制限したために急激にその数が減少し、さらに1924年移民法（ジョンソン=リード法）によって流入は大きく鈍化した。当然、パスタの輸入量もこの時期に落ち込んだ。

この当時のアメリカは、パスタの国内製造を行なうには理想的状況にあったといえる。輸入パスタが減少するなか、家の裏庭に作ったような小さな工房が次々生まれ、家族経営の小規模事業所が原始的な装置を使ってパスタを押し出し、乾燥させて、近隣で売った。そしていくつかの家族がまとまり、もっとよい機械を導入して生産量を増やし、近所だけでなく地域の店にも販路を広げていった。

しかしアメリカ初のパスタ工場は、こうした家族経営の事業所から発生したのではない。初めて工場を作ったのは、フランス南東部の都市リヨン出身の製粉業およびパスタ生産者、アントワーヌ（アントニオ）・ゼレガだ。非常に先見の明があり、工夫を重ねる人物だった。1848年、フランス人のゼレガは、ニューヨーク市ブルックリン地区のある建物の上階で、小麦粉の攪拌、こねを行なう機械を稼働させた。この機械のシャフト（軸）は1階までのびており、横にわたした長い

アメリカが大量生産を熱心に進めたことで、パスタは世界で愛される食べ物になった。
イリノイ州リバティビルのフォールズ・パスタ社。1906年。

棒にとりつけられ、馬がぐるぐるまわってその棒を動かすものだった。パスタの押し出しと裁断は上階で、乾燥は屋上で行なった。馬はずっと前に使われなくなったが、ゼレガ家の5代目は、今日もこの事業の指揮をとっている。実際に証拠があるわけではないが、ゼレガはリヨンで1820年代初期にパスタ生産を行なったパイオニアだとも言われており、アントワーヌ・ゼレガという同名のイタリア人移民がこの地でゼレガ社を創業したという文書が残っているという[2]。

1930年代、アメリカは大恐慌に苦しめられた。ニューヨークのパスタ産業の競争も厳しく、家族経営の事業は市場で優位に立とうとするあまり、消費者をあざむく手法に走ることも多かった。

デュラム・セモリナ粉に質の落ちる小麦粉を混ぜる、あるいはセモリナ粉をまったく入れない、エッグヌードルに卵ではなく合成着色料を使用する、ラヴィオリ、マニコッティ、シェルなどの詰め物パスタにうさんくさい材料を使う、といった具合だ。

下院議員からのちにはニューヨーク市長となったフィオレロ・ラガーディア［イタリア系アメリカ人だった］は、１９０６年制定の消費者保護法の改訂に影響力を行使した。また、１９３８年に議会で承認された純正食品・医薬品法ではパスタの規格を制定し、製造業者に製造場所、材料、総量を明記するよう求めている。店先にむき出しで積まれていたパスタはセロファンの袋に詰められ生産者名が明記されることも多くなった。[3] そして包装されたパスタは、移民が集中する地域でしか販売されない食べ物から、アメリカに欠かせない、だれもが食べる食品へと変身した。

パスタ生産の技術とパスタ事業をアメリカに持ち込んだのはヨーロッパからの移民だと言えるだろうが、１８９８年にデュラム小麦をアメリカにもたらしたのは、アメリカ合衆国農務省の農学者、マーク・カールトンだった。[4] 実際、北アメリカで今日栽培されているデュラム小麦はすべて、北アメリカの小麦がさび病に襲われた19世紀末にカールトンが尽力したおかげで今なお存在しているとも言える。

カールトンは、デュラム小麦の一品種である「Kubanka」をロシアから取り入れた。この種はさび病と干ばつに強く、ノースダコタ州で凶作となった小麦の代替作物だった。カールトンはノースダコタ州で、とくに雨不足の夏が続いた2年間にデュラム小麦の頑健性を実証し、「マカロニ用小麦」

金色のチェダーチーズソースをからめたエルボーマカロニ。アメリカにかぎらず、世界中の子供が大好きな一品。

（1901年）、「デュラム小麦の商業的価値」（1904年）などデュラム小麦をテーマにした論文をいくつも発表した。カールトンは、小麦栽培農家や製粉業者、パスタ生産者、それにレストランの料理人やホテル経営者にまでパスタ製品におけるデュラム小麦の利点をしつこいほど伝え、理解を高めてもらおうとデュラム小麦製品のレシピ本を配布した。今日、デュラム小麦は世界の多くの地域で栽培されているが、ノースダコタ州北東部のデュラム・トライアングルは、世界のデュラム小麦生産量の90パーセントを占める一大生産地である。[5]

1904年、全国に散らばる百ほどのパスタ工場が全米マカロニおよびヌードル生産者協会をピッツバーグで設立し、1919年に全米マカロニ生産者協会、1981年に全米パスタ協会（NPA）へと名称を変更しながら現在に至っている。アメリカのパスタ生産者の業界地図は、20世紀に大きく変わった。有力ブランドが多数生まれ、それらが他企業に吸収されては、さらに巨大な複合企業に統合されていった。今日も残るブランドはわずかであり、1ダースにも満たない企業がすべてを所有している。統合により経営規模を大きくし、利益を増加させるという現象は世界的なものであり、アメリカにかぎったことではない。そして北アメリカでは、パスタの工業生産を行なう業者が隆盛となったことで、高品質作物の国内栽培を政府が支援する体制が育ったと言える。

ノースダコタ州およびカナダとの国境地域の土地と気候はとくにデュラム小麦に適している。20世紀に入って20年もしないうちに、アメリカは高品質デュラム小麦の生産で世界をリードするようになった。ロシアの作物は戦争と革命で壊滅も同然の状況であり、カナダとアメリカが大きな利を得た。さらに第一次世界大戦によって世界の小麦とパスタの供給が断たれたときには北米優位の傾向がさらに強まり、アメリカ国内と世界市場での両国のシェアは大きく上昇した。また、慣れ親しんだ祖国のパスタが入手できなくなったイタリア移民は口に合うアメリカ産のパスタをさがしており、これをきっかけに、アメリカのパスタ生産者は販売促進の手法を急速に身に着けていく。パスタを食べる習慣のある人たちの気をひくのはもちろん、異国の食べ物であるパスタを毎日食べてくれるように人々にアピールしたのである。

アメリカのパスタ業界は、国内産と輸入もののパスタの品質にほとんど違いがないことを強調した。広告を打ち、レシピやパスタのゆで方やおいしく見える盛りつけ方を広める手法が効果を上げ、ひとり当たりのパスタ消費量は、1950年代の約1キロから1999年の9キロ近くまで増加した。旧世界の競争相手は、パスタを売り込む「アメリカ的」手法が商業的成功を収めるのを目の当たりにすると、急いでそれまでの伝統を捨て去り、アメリカにならった。

アメリカのパスタ産業は工夫をこらし、ヨーロッパの消費者よりも品質と衛生状態を重視するアメリカ人向けの販売・宣伝戦略を編み出した。ヨーロッパではふたのない木箱やジュートの袋（麻袋）からパスタを売ったが、アメリカでは約500グラムずつに小分けして水色の紙で包み、中身を保護すると同時にパスタの黄色もきわだたせた。また、パスタの種類（とそのゆで時間）が記載されている紙片も封入した。この包装で、パスタの販売は大きく変わった。1920年代になると、アメリカのパスタ製造業者はセロファンの包装を導入した。こうすればなかの製品が見えるうえに、パスタは汚れない。

肉類を多くとるアメリカでは、食や健康にかんする専門家にとって、パスタは貧しく厳しい暮らしのイタリア移民の食べ物であり、好んで口にするものでも伝統食でもない、ほかに食べるものがないから口にするものでしかなかった。だが1960年代になると、パスタの健康効果がうたわれるようになる。ペンシルヴァニア州ロゼトに住む、イタリアのプーリア州からの移民を中心とするパスタを主食とする人々が、狭心症や心筋梗塞にかかる率が低いという調査結果が出たのだ。そして1980年には、アメリカ合衆国保健社会福祉省（HHS）と農務省（USDA）がアメリカ人向け初の「食生活ガイドライン」を発表し、パスタを「健康的な食べ物」としたのである。

「この体は、すべてスパゲッティのおかげ」というセリフで有名なソフィア・ローレン。1964年。

●パスタ専門のレストラン

フランスはレストランという形態の店が誕生した地で、またローマはバーやレストラン、宿屋や酒場が多いことで有名だった。しかし、今も全世界で人気の、パスタ専門レストランという形態を思いついたのはイタリア系アメリカ人だ(6)。

多数のレストラン、豊富なメニューの品ぞろえ、スーパーマーケットでの売り出し、料理本や雑誌で紹介されるレシピなど、どれをとってもイタリア料理の人気の高さは明白だ。しっかりと守った伝統がある点も、この人気の一因ではあるだろう。だがイタリアの肉入りピザはそのままアメリカに通用しても、イタリア料理とパスタがレストランの定番メニューとなるには、これよりも時間がかかった。イタリアのコース料理の食事習慣が、あまり時間をかけないアメリカの食事習慣に合わなかったからだ。また、肉好きのアメリカ人は甘い食べ物やデザートが大好物で、ニンニクやハーブは敬遠しがちだった。そこでイタリア人レストラン経営者はコース料理をアメリカ人向けに簡素化し、肉をパスタに入れるか添えて、横にサラダをつけた。

こうして、アメリカ風イタリア料理の代表的メニューが生まれた。ミートボール入りスパゲッティ。シーフードのフラ・ディアヴォロ［トマトとチリ・ペパーを使ったソース］。ナスのパルミジャーナ［薄切りのナスを揚げ、トマトソースとチーズと層状にして焼いたもの］（これから子牛のパルミジャーナができた）といった野菜中心の四旬節向け料理。さらに、パスタ好きといわれる職業から名前をとったパスタ料理の数々も登場した。チキン・カッチャトーレ（猟師のチキン）［チキンのトマト煮］、パスタ・アッラ・プッタネスカ（娼婦風パスタ）［ブラックオリーブ、ケイパー、アンチョビのソースを使ったもの］、パスタ・マリナーラ（水夫のパスタ）［トマトとニンニク、オリーブオイルなどのソースを使ったもの］といった具合だ。

イタリアの主食、ポレンタ［トウモロコシの粉を湯やだし汁で練り上げたもの］を店で出すのに乗り気でなかった北イタリア出身のレストラン経営者たちは、スパゲッティやその他パスタに肉入りトマトソースをかけて提供し、さらにはイタリア料理のレストランを、絵画や彫刻、ヴァイオリンの生演奏付きのロマンティックな場所に変えた。

パスタは肉よりもかなり安かったためパスタ専門レストランからは大きな利益が上がり、それ目当てに、さまざまなパスタ料理や、パスタで客の腹を満たす策が考え出された。抜け目のない経営者は、味が濃く食欲をそそるソースを客に出し、また客の目を、高価な肉からさまざまな形状やサイズの、調理が簡単なパスタへとそらした。高級料理の対極にある、食べ放題パスタの登場だった。世界のパスタ専門レストランは大きくふたつに分けられる。腹を満たすことを目的としたものと、食通向けの本物志向のものだ。１９８０年代のアメリカで、それまでのパスタに対する認識がくつがえされたことからこのふたつは生まれた。脂肪分が高く肉類豊富という食事がそのカロリーの高さから敬遠され、人々はその代わりに、栄養があり健康効果をもつといわれるパスタを食べるようになったのだ。郊外には労働階級向けの手ごろな食べ放題のパスタとソース・バーのある店が登場し、都市部の店ではペーストソース、輸入チーズ、特製オイルなどを使った高級パスタ料理を出した。ありふれた、毎日とる食事から、熟練のシェフの手による洗練された上品な創作料理まで――多様なパスタ料理が誕生したのである。移民の伝統的な郷土料理だったパスタは食通が味わう料理に進化し、赤いソースに浸かったパスタは、ホワイトソースを控えめに使った風味豊かなソースと北部イタリアの食材をトッピングした、優雅なパスタに取って代わられた。

●世界各地のパスタ

オーストラリアの地を初めて踏んだイタリア人は、イギリスの探検家ジェームズ・クック船長率いるエンデヴァー号の船乗り２名だった。１７７０年のことだ。だが、ゴールドラッシュ期にヴィクトリア州と西オーストラリア州に富を求めてやってきた移民が、オーストラリアにイタリア人コミュニティを形成したのは１８５０年以降である。こうした移民たちは１９２０年代にクィーンズランド州北部のサトウキビ畑に契約労働者として移住してきたが、非常に貧しかったために当地の文化や食習慣に目を向ける余裕などなく、ましてオーストラリアの生活や文化に影響を与えることなど無理な話だった。人類学者のロレッタ・バルダサーは、パスタがオーストラリアでおなじみの料理になったのは、第二次世界大戦後に経済状況が悪化したイタリアからの移民が急増してからだと述べている。(7) オーストラリアでの人気のパスタ料理といえば、アメリカ風のマカロニサラダである。シェルマカロニやエルボーマカロニを、マヨネーズ、人参、エンドウ豆、コショウ（またはトウガラシ）、ときにはセロリとあえたものだ。

パスタの起源について語った古い伝説に、次のようなものがある。ローマ神話の火の神ウルカヌスが、豊穣の女神であるケレスに求婚し断られた。すると怒ったウルカヌスは畑の小麦をすべてはぎとり、鉄の棍棒でたたきつぶすとナポリ湾に投げ込み、そうしてできた生地をヴェスヴィオ火山の火でゆで、カプリ産のオイルであえてパスタ料理にしたという。(8) これはギリシャ神話がもとになったものだが、現代のギリシャでは、乾燥エッグパスタの最高級タイプとされるヒロピテスをトマトソースであえるか、さまざまなミート・キャセロール料理にしてあらゆるタイプのギリシャ産チーズを添えて出す。ギリシャの郷土料理パスティツィオは、ミートソースあえパスタとマカロニチーズという2種のパスタ料理を層にした、とてもおいしい一品だ。

インドにもマカロニと麺の郷土料理があり、独特の薬味を使う。紀元前6500年頃に肥沃な三日月地帯から入ってきたエンマー小麦は、千年にわたっておいしい主食や祝いの席の甘い食べ物

セミヤ・ウップマ

に使われた。北部インドでは、地元産デュラム小麦で作ったスパゲッティのようなパスタをゆで、ジーラ（クミンシード）、ターメリック、細かく挽いたグリーンチリ、タマネギと、キャベツやカリフラワーなど短時間で火の通る野菜とソテーする。これはセヴという料理で、野菜のピクルスと一緒に夜食としてよく食べる。南インドでは、小麦か米で作ったヴェルミチェッリを、セミヤ・ウップマにする。家庭でもレストランでも朝食にとるものだ。炒ったヴェルミチェッリを砂糖やジャガリー（未精製のヤシ糖）、少量のカルダモンシードやシナモンスティック入りの牛乳でコトコト煮て、炒ったナッツやドライフルーツで飾る。これはセミヤ・パヤサム（南部）、セヴ・キール（北部）ともいわれる人気のデザートだ。結婚式の料理には欠かせないものであり、新婚夫婦の豊かな生活が長く続くことを象徴する。

スペインではパスタが郷土料理に溶け込んで独自

の料理が生まれており、この影響を受けて、ヒスパニックやアラブ文化圏、現代のラテンアメリカの料理にもパスタが取り入れられている。13世紀初頭に書かれた作者不詳のスペイン・ムスリムの料理書『マグリブとアンダルスの料理書 *Kitab al-tabikh fi al-Maghrib wa'l-Andalus*』にはさまざまな種類のパスタ製品が記載されており、これらは今日も、スペインや北アフリカ、中東で使われている。そのひとつがセッカで、コリアンダーの種のようなパスタ製品は、15世紀のシチリアではマッカローネと呼ばれ、のちのシリアではマグリビーヤ（maghribiyya）やフィダウシュといった。この本には、チュニジアでよく食べる紙のように薄いムハンマス（muhammas）や、アルジェリアの国民的パスタであるブルクーキス（burkukis）も掲載されている。アル＝フィダウシュ（al-fidawsh）という語は、スパゲッティを意味するスペイン語フィデオス（fideos）から派生したもので、パスタを指すイベリア半島や北イタリアの方言にも、よく似た名がある。スペイン料理にはフィデオス・スープもあって、一般にディナーのコースの一品目に出てくる。見た目のおもしろさやコクを出すために、ロングパスタが入ったものや、割れたパスタ片で作ったものもある。[9] メキシコでは、フィデオスがとくにディナーや宴会のスープ料理に使われる。また、アルゼンチンやブラジルの郷土料理にもパスタを使う。ブエノスアイレスとサンパウロでとくにパスタ料理が多いのは、イタリアにルーツをもつ人が多いからだ。こうした都市では、ニョッキ（gnocchi）はニョキス（ñoquis）やニョッキ（nhoque）、ラヴィオリはラヴィオレ（ravioles）やラヴィオーリ（raviòli）、タリアッテーレはタッリャリーネ（tallarines）やタッラリム（talharim）と呼ばれ、ここにもイタリアとのつながりが見える。[10]

スウェーデンではスパゲッティを、クットファルサス（köttfärssås）と一緒に出す伝統がある。味付けした挽き肉のミートボールを濃いトマトスープで煮た料理だ。イタリアとスウェーデンでは、1198年に魔術師が神聖ローマ帝国皇帝フリードリヒ2世にスパゲッティを何もないところからぱっと取り出してみせた、という言い伝えが人気だ（フリードリヒ2世はシチリア王も兼ね、当時まだ4歳だった）。

フィリピンではスパゲッティを、たいていは角切りホットドッグが入った甘くて風味豊かな独特のミートソースと一緒によく出す。マカロニチーズは人気の一品で、土地によって風味や材料に違いがある。地中海のほぼ中央に位置するマルタでは、パスタは野菜とチーズと一緒にパイ（パスティッチョ）のように焼くのが一般的で、マカロニ料理のパスティツィオとよく似ている。

イギリスで18世紀に生まれた初のイタリア人コミュニティは、政治的理由で逃れてきた教養ある人々が中心であり、祖国の文化とともにその料理を守ろうと心を砕いていた。それからまもなく、教養あるイギリス人の若者たちがヨーロッパ旅行でイタリアにも寄り、パスタ好きとなって帰国した。そして1803年、ヴェネツィア出身のレストラン経営者ジョセフ・モレッティが、ロンドンのレスター広場にイタリアン・イーティング・ハウスという名の初のイタリアンレストランを開いた。その後、これを真似たレストランや飲食店が続々と生まれ、その人気が出たことで、イギリス人はパスタになじんでいった。しかしながら、スパゲッティが本当にイギリス社会に浸透したとまでは言えず、だからこそ、イギリス公共放送局BBCのキャスター、リチャード・ディンブルビー

パスタの軽食、バミハップ。バミゴレン（インドネシア風焼きそば）を皮で包み、カリカリに揚げたオランダのスナック。

のおふざけもうまくいったのだろう。ディンブルビーは、1957年4月1日（エイプリルフール）に、「春に摘むスパゲッティ」というでっちあげのテレビ番組を放送した。「スパゲッティの木」の栽培と収穫を取り上げたこの番組には、毎年スパゲッティを「収穫」しているというスイス人家族が登場し、今年はひどい霜が予想されるから収穫に影響するだろうと語る。放送翌日、イギリスのスーパーマーケットの棚からスパゲッティの箱は消え、自分もスパゲッティの木が欲しいという視聴者からの問い合わせで、BBCのスタジオの電話は鳴りっぱなしになった――そして今日でも、スパゲッティはイギリスで人気の食品である。

トルコでは、イラン（旧ペルシャ）、アゼルバイジャンとキルギスタンと同じく、レストランではめったに見られない人気の手作りパスタがある。そのケスメ（kesme）、ケスペ（kespe）、あるいはエリステ（eriste）という名は、「切る」や「スライスする」という動詞からきており、

ベシュバルマク。中央および西アジア、中国北西部、ヨーロッパ東部のトルコ遊牧民の料理をもとにした平打ち麺の料理。

こうしたパスタは、生地をカットしたりスライスしたりして作るものであることを表している。トルコにはもうひとつ、マンティ（またはマントゥ）という人気のパスタがある。シート状の生地を三角形に折りたたんで作ったギョウザのようなもので、さまざまな挽き肉を詰め、きざみタマネギとパセリを混ぜて風味づけすることが多い。このパスタは、熱いうちにニンニクで風味づけしたヨーグルトソースや溶かしバター、熱したオリーブオイルをかけ、トウガラシや挽いたスマック［酸味のある中近東やトルコのスパイス］、オレガノ、ドライミントなどのさまざまなスパイスを合わせて出す。トルコやモンゴルの遊牧民は、マンティを乾燥させたり凍らせたりして持ち運ぶ。あとは宿営のたき火でゆでるだけの、手軽に作れる食事だ。また、オスマン帝国時代のレシピであるタタール・ボレッキ（タタール・ブレク）［生地にチーズや肉などを詰めて焼いたパイのようなもの］は、旧ソ連全土で人気だ。

イランには、細いカペッリーニのような生パスタ、レシュテ（ペルシャ語で「糸」や「ひも」の意味）があり、祝いの席で特別なシンボルとして使われる。ひも状のレシュテは人生と家族のなかで織りなされる糸を表し、米入りスープにくわえたり、ファールーデ［麺を凍らせたイラン風かき氷］などのデザートにしたりする。

●世界中のパスタの祖国

ユーラシア大陸、中東、中央および東アジアにおけるパスタの起源は、謎めいているとしか言いようがない。こうした地域の歴史にみられる痕跡からは、パスタと麺がイタリアと中国というふたつの料理大国の影響の外で進化したことがうかがえる。東ヨーロッパや、トルコ語、アラビア語、ペルシャ語圏の多くの言語にパスタを言い表す言葉があることからも、パスタがさまざまな土地にわたり、長い年月を経ていることは明らかだ。

かつてヴォルガ川デルタ地帯という世界最高級のデュラム小麦栽培の中心を擁したロシアは、シルクロードの天山北路《てんざんほくろ》にも近いことから、歴史が古く、豊かな生パスタの伝統をもつことがよく知られていた。隣国のウズベキスタンも同じような歴史をもつ。しかしなぜか、帝政ロシアもその後のソ連もパスタ産業を繁栄させたとまでは言えず、また、デュラム小麦の主要生産地となったルー

エッグヌードル。スリランカでは朝食や軽食として人気の、ヴェルミチェッリの料理。

マニアやハンガリーにも水をあけられたままだ。アルゼンチンは、19世紀後半にイタリアからの移民が大挙して押し寄せると、スペイン、イタリア、ロシアのデュラム小麦から選りすぐった品種を栽培し、1929年にはパスタ生産量において世界第4位におどりでた。デュラム小麦の導入によってパスタが広がったというよりも、イタリア移民にパスタがついてきたためであることは間違いない。

パスタと麺は数多くの、さまざまな文明で受け入れられた。本来作り方が簡単で、気取りがなく、また味、食感、食材や合わせる料理など、ありとあらゆる組み合わせを楽しめるからだ。その発展のおもな要因や道筋はひとつだったわけではない。各地域のパスタと麺は、まったく異なる文化のなかでそれぞれのペースで発展し、独特な形や料理が生まれた。中国は麺の発展においてはイタリアに先んじているが、デュラム小麦がなかったため、さまざまな穀物とデュラム以外の小麦を使った、職人手作りの生麺文化を発展させていった[11]。これに対し、地中海地域とくにイタリアでは、発展競争には遅れたが、料理人が小麦の性質を理解して腕を磨き、生および乾燥パスタという厖大な種類をもつ食品文化を発展させた。そしてデュラム小麦のうえに成り立つこの地域独特の産業を育てたのだ。こうして、イタリアのパスタと中国の麺というふたつのすばらしい料理の伝統は進化し、互いに影響し合い、何世紀にもわたり、世界中に数多くの熱心なファンを生み出しているのである。

第6章◉麺

◉中国の麺

麺の物語は中国の歴史ともいえる。キビ類（学名 *Panicum*）やアワ類（学名 *Setaria*）の粥を食べて満足していた国が、小麦（マイ）から作った麺を旺盛に食べるようになった。ある種の穀物から別の穀物へ、そして穀物の粒を食すことから小麦粉をベースとした製品へという食習慣の転換は、一夜にして起こったわけではない。中国人は何世紀もアワを主食とし、それは揚子江流域で小麦が栽培されているときも変わらなかった。だから、麺の歴史は小麦が徐々に拡散する歴史なのである。

中国人が大麦と混同することも多かった外来穀物の小麦は３０００年近くをかけて、まずは西から東へ、その後は漢王朝（紀元前２０２〜紀元２２０）の勃興とともに南下していった。[1]

紀元前１世紀までは、中国人は小麦にも大麦にもマイという同じ呼び名を使っていた。それま

中国、蘭州のホイ族（回族。中国のムスリム）による麺作り。

でになかった、小麦から作った食べ物を表す餅《ビン》という語が登場するのは、中国人がこのふたつの穀物の区別がつくようになってからのことだ。餅という言葉は、紀元3世紀までに徐々に使われる頻度が増した。その当時、餅とは、小麦をベースにして混ぜたやわらかい食べ物のことであり、現代の麺、蒸しパン、ギョウザ、パンケーキのような形態のものを言った。小麦ベースの食べ物と麺製造の技術は、漢の時代に飛躍的に発展する。麺は非常に人気があったため、歴代皇帝はこれを主食とし、渡来した日本人使節はこれにすっかり魅了され、麺の製法を日本に持ち帰った(2)。

小麦粉のペーストに弾力性と粘着性を与えるタンパク質の一種グルテンは、中国人が熱心に作って食べた成型食品には欠かせないものだった。小麦粉とグルテンで作ったさまざまな食べ物が生まれていることから、6世紀には、中国人がグルテンと小麦

拉麺（ラーミェン）

粉との関係を理解していたことは明らかだ。中国では、小麦粉を水とこねることでグルテンを生成させ、まるめた生地からデンプン質を水で洗い流して、弾力性をもつグルテンの塊を取り出すという手順が行なわれていた。唐代（紀元618～907）には、ひも状に切った餅と長い麺のどちらも、よく食べられるようになっていた。詩人の劉《りゅう》禹《う》錫《しゃく》（772～842）は、中国人将軍、張齊丘の誕生日を祝う詩で、「長命の麺を食べ酒を飲む」と書いており、当時すでに誕生日に長い麺を食べる習慣がはじまっていたのだろう。

　唐代末期には、餅《ビン》といわれる食べ物の種類が大きく増え、その後の宋代には、餅は「組み合わせ」を意味するものとなり、小麦粉と水を合わせて「まとめる」ことをいうようになった。麺《ミエン》という語は「小麦粉」を意味す

「優雅な宴」。さまざまな餅（ビン）が卓上にのる宴。宋時代（960 ～ 1279）。

る語から派生したもので、小麦粉で作る麺に使われた。麺は長く中国北部に特有のものだったが、モンゴルが揚子江盆地沿いに南下するのに伴って広がると、さらに多様な地域の影響を受けた、さまざまな洗練された麺が一気に生まれた。

　中国の覇者モンゴルは、外国（とくにアラブ）のパスタ料理を積極的に取り入れた。[3] そしてごく薄いシート状の生地を作る技術が入ってくると、麺《ミエン》を作ることが増え、南部産のさまざまな食材も使われた。北宋（960～1127）の時代には、首都汴梁《べんりょう》（現在の開封《かいふう》）には多種多様な人気料理があった。たとえば、子ヒツジの肉を添える北部の麺料理や、南部の蒸し麺料理、四川風の飲食店で食べる熱い麺料理。それに寺院で食べる野菜麺もあった。また南宋（1127～1279）

中国の麺、福建麺。

時代の首都臨安《りんあん》では、北部の麺料理や、金針菜《きんしんさい》（ユリの花）をのせた山東風の麺料理も食べられた。

麺製品は、モンゴルの統治時代が終わったあと、元王朝（1271～1368）と明朝（1368～1644）初期にも発展を続けたものの、これといって革新的なものは生まれていない。明王朝は中国の全領土に麺を広め、さまざまな地域で独自の麺が育っていった。そしていくつか特別なものをのぞいては、麺は労働者階級の食べ物とみなされるようになり、明時代の終わりから20世紀にいたるまで、中国の食べ物、あるいは職人手作りの食べ物としては、ほとんど変化することなく続いてきた。

中国の麺作りの伝統は、3つの大きな特徴のうえに成り立っている。古代の麺作りが生み、将来にも影響をおよぼす特徴だ。第一に、中国

食用カンナの根からとったデンプンで作ったカンナ麺。並べて干し、乾燥させている。

は「生麺」という独自の文化の発祥の地であること。これは、成型したらすぐに、あるいは成型しながら次々にゆでなければならないタイプの麺だ。デュラム小麦も乾燥パスタも、中国では知られていなかったのである。第二に、小麦から初めてグルテンを取り出したのが中国人であること。中国人は、グルテンがもつ強い弾力性と栄養価を活かし、とくに菜食主義者向けに、革新的な料理を生んだ先駆者でもある。第三に、さまざまな原料を使った麺作りを考案し、完成させたのが中国だった。原料は、豆類、塊《かい》茎《けい》や根茎《こんけい》［地下で生活する茎で、ハス、ジャガイモなど］、小麦以外の穀物の粉などにおよんだ。多様な原料で麺作りができることを発見した経験があってこそ、中国人は小麦粉とグルテンをさまざまに活かし、その価値を理解することもできたのだ[4]。

　小麦粉で生地を作る方法を発見した中国人が、この生地をベースに数多くのものを作りだすのに時間

ワンタン入り麺。ひと息つけるストリートフード。

はかからなかった。平たい蒸しパンや具入りのパン、いろいろなギョウザ、ひも状の生地や麺《ミエン》にしてゆでたもの。中世の中国では、餅《ピン》はアワや米でも作られ、ゆでたり焼いたり蒸したり、あるいは油で揚げたりしていた。通常は、ゆでたものはとくに湯餅《タンピン》といわれたが、これは「ゆでた麺」に対する古代の総称だった。中国では、漢王朝の時代からゆでた麺を食べていた。中央政府には湯官《タンクワン》（「ゆでた食べ物係の役人」）と呼ばれる役人もおり、ゆでた麺を皇帝やその側近に出すことをおもな仕事としていた。

6世紀の農業指南書『斉民要術《せいみんようじゅつ》』では、1章まるごと麺作りの技巧に割かれ、なかでも興味をひかれるのが牢丸《ラオワン》という具入り団子で、現在の餃子《ジャオズ》（日本でもギョウザでおなじみ）や餛飩《フントウン》（広東のワンタン）の祖先だ。

肉でとったスープを小麦粉と混ぜて作った皮に、子ヒツジや豚の挽き肉、ショウガとタマネギのスライスを詰め、シナモン、トウザンショウ、フジバカマ、塩、豆のレリッシュ［ピクルスの一種。薬味に使う］で味をととのえると書かれている。これを竹の蒸し器で蒸した。中世初期は、新しい技術と食べ物が取り入れられた重要な時期であることは間違いなく、このおかげで、中国料理が今日のようにすばらしい芸術に発展したのである。

◉麺の命名

中国料理といえば麺というほど有名ではあるが、麺《ミエン》も餅《ビン》も、『五経』にはまったく登場しない。紀元前9から7世紀と、紀元前4から3世紀にかけて編まれたこの儒教の基本経典には、アワを使った食べ物は数多く記載されているのだが。[5] 殷王朝（紀元前1600頃～1050頃）の、亀の腹甲や甲骨に書かれた中国最初期の記録には、小麦、アワ、大麦の記述はあるが、小麦粉やこれで作った生地にかんするものはない。[6] 餅が初めて登場するのは、戦国時代（紀元前403～221）に書かれた、墨家《ぼくか》の思想を編んだ『墨子《ぼくし》』の耕柱篇だ。この時代には、餅はまだ初期の段階にあったのだ。このずっとあと、紀元前1世紀の書物で、中国の子供たちに言葉や物の名前を教える『急《きゅう》就篇《しゅうへん》』には、餅の詳細な記述がみられる。

漢の時代に総称として使用された「餅《ビン》」は、現代中国ではなぜか狭い意味で使われ、平たい、あるいは丸い菓子だけをいうようになった。餅が、広い意味をもつ名から限定的な意味のものへと転

ミャンマー風焼きそば（カウスエジョー）

じていく過程は、「パスタ」という言葉の変化とよく似ている。パスタも、「小麦粉やその他の粉と水を混ぜて作ったペーストや生地。これから、粥、糊状のもの、パンケーキやパンなどさまざまなものを作る」という広い意味をもつものから、もっと意味がかぎられた言葉になった。具体的にいうと、「現在、『イタリア料理』に使われているさまざまなパスタ」のことである[7]。また、餅の基本的な意味は「混ぜる」ことであり、つまり、水と小麦粉を混ぜて生地にし、これを成型することを表す。「パスタ」がセモリナ粉や小麦粉のペーストであり、これをさまざまに成型／調理できる、という意味をもつのとよく似ているのだ。

漢の時代には数種の麺《ミエン》が存在した。ひも状の麺は、イタリアのスパゲッティ（スパゲッティ［spaghetti］という語はスパゴ［spago］、つまり「ひも」の意味をもつ呼称だ）のようだ。このほか、「水引《シュイイン》」もある。生地をこねて箸くらいの太さ、足くらいの長さのひも状にしたら、生地を水につけ、それを細い麺に延ばしてからゆでる。同じくらい細いが長さはもう少し短いのが長寿麺《チャンショウミエン》、つまり「長寿を祈る麺」だ。現在でも誕生日のお祝いに食べる長寿のシンボルだ。唐時代の皇妃のひとりが誕生日に食べたと言われているのが生日湯餅《シエンジータンビン》（「誕生日の麺」）だ。

イタリア人と同じく、中国人も麺を形状や調理法によって分類した。『釈名《しゃくみょう》』（名前を解説する書、紀元２００年頃）という辞書では、餅《ビン》とは、胡餅《フウビン》（亀甲の形をした異国の餅）、蒸餅《ツエンビン》（蒸した餅）、湯餅《タンビン》（スープで煮た餅）、蠍餅《シービン》（サソリの形の餅）、髄餅《スイビン》（髄の形、または髄が原料の餅）、索餅《スウオビン》（なわのような餅）、金餅《ジンビン》（金塊のような形の餅）として登場している。歴史家の束皙《そくせき》（紀元２６４〜３０４）は『餅賦《へいふ》』で、餢飳《ブドウ》、安乾《アンガン》、薄壮《ボウツアン》、起溲《キゾウ》といった餅に触れ、「子豚の耳」、「犬の舌」、「ロウソク」を意味する名も見える。こうした呼び名と、イタリアのコンキリエ（海の貝）、リングエ・ディ・パッセロ（スズメの舌）、ナストリ（リボン）、という名のつけ方が似ているのは不思議としか言いようがない。梁（南朝）時代（５０２〜５５７）の歴史家、詩人の呉均《ごきん》による『餅論』には餅作りのいろいろが書かれており、さまざまな事実が見えてくる。

中国の麺の命名の仕方は複雑だ。麺の種類が多く、名前に使う中国の方言も多様だからだ。中国語のmiàn（ミャン）は、ミエンやメンと音訳《おんやく》されることも多く、小麦から作る麺をいう。一方、フェンまたはフンは米粉、緑豆粉《りょくとうこ》その他のデンプンで作る麺だ。麺は種類ごとに北京官話《ペキンかんわ》（現代標準

手延べ麺

中国語の母体となった）のピンイン〔中国語の発音を表すローマ字と抑揚記号〕に書き換えられるが、香港とその隣の広東省では、一般に広東語の発音によるものだ。台湾、マレーシア、シンガポール、タイ、インドネシア、また東南アジアの数か国の中国人コミュニティでは、福建語や閩南語《びんなんご》が多く使われる。

●麺の作り方

中国とその他の東アジアの国々で消費する麺の5分の4超が、今も家庭で手作りされていると思われる。残る5分の1たらずが工場や工房で、いろいろなレベルの機械で作られている。さまざまな地域でその土地ごとの特色をもった麺が生まれ、非常に種類が豊富だが、ここでは人気のあるものをいくつか紹介する。

拉麺《ラーミエン》、つまり「手振り」の麺は、手作り麺のなかでも一番おもしろい作り方をする麺だろう。麺を出す店で、その道の達人がくり出す魔法のような技は必見だ。手だけを使い、わずか数分のうちに、５００グラムの小麦粉の生地をおよそ８０００本もの絹糸のような麺に変えてしまう。この昔ながらの製法からは、中国で最高品質の麺ができるとされており、原料には小麦粉、塩、水、炭酸ソーダを使用する。生地をこねて長いなわ状にし、その生地を何度もふたつに折り、ねじりながら振って延ばし、何本ものひも状にしていくのだ。拉麺の麺はやわらかだが噛みごたえがあって、絹のようななめらかさがあり、ゆで時間も短くてすむ。

この複雑な作業でつねに同じ品質の麺を作るには、かなりの技術を要するのはもちろんだ。麺作りの達人は、これをたいしてむずかしい作業ではないかのようにこなし、さまざまなタイプの拉麺を作る。手延べ麺には、1本につながっているもの、なかが空洞のもの、詰め物をしたものもあれば、極細の天使の髪のような麺、それに水中で延ばす麺、油で延ばす麺、平たい手延べ麺などもある。

刀切麺《ダオチエミエン》は、手でシート状に延ばした生地を、家庭で作るときと同じように切った麺だ。この製法では小麦粉と少量のジャガイモのデンプンを使い、何度も麺棒で延ばし、生地が平たくなったら広げてジャガイモデンプンを振り、ごく薄いシート状（薄さ1～3ミリ）にする。そしてアコーディオンのように折りたたみ、1・5～2ミリ幅のひも状になるよう横に切っていく。ひも状の生地を振って余分なデンプンを払い、沸騰したお湯やスープで数分ゆで、スープか、強火で手早く炒めた料理にのせたり添えたりして出す。手延べ麺には、刀削麺《ダオシャオミエン》（包丁で削ぎ落とす麺）、剔尖《ティージアン》（や

バラエティ豊富な袋入り即席麺を陳列する食品店の棚。時間に追われる人、あまりお金に余裕のない人がよく食べる。

わらかな魚の形の麺）、刀撥麺《ダオボーミエン》（三角形に切った麺）などいくつか種類がある。

◉機械製の麺

乾麺《クアンミエン》は商業生産される麺《ミエン》で、とくに一般の人々には人気がある。日持ちがするし調理が簡単で、低価格なうえさまざまに使えるからだ[8]。中国における工業製品としての乾麺の歴史は長く、国内で流通する穀物原料の食品の半分以上を乾麺が占める。乾麺は小麦が主原料で、これに多数の材料をくわえて調理の簡便さや食感を向上させている。たとえばバイタルグルテン粉末やアルギン酸ナトリウムをくわえると、乾燥した麺が折れにくくなる。麺の栄養価を高めたり、味をよくしたりするためには、粉末にした卵殻や卵粉末、新鮮な牛乳または粉ミルク、乾燥肉粉、豆乳や魚エキスを添加する。トマトソース、チリパウダー、グルタミン酸ナトリウム［昆布だしのうま味の主成分］、ホウレンソウの汁、カルシウム粉末やビーフまたはエビパウダーをくわえて、風味に変化をつけることもある。

生産工程は以下の通り。まず機械で原料を攪拌して色むらのない生地になったら圧延機のロールのあいだを数回通す。ロールの間隔はだんだん狭くしていくと薄いシート状の生地になる。これを裁断機でひも状に切る。切った麺をベルトコンベアにのせて、さまざまな温度設定の乾燥機のトンネルをくぐらせ、一定の長さに切って包装する。この製法の麺の消費期限は3か月ほどだ。

シエチエミェン（shie qie mian 生麺）には工場生産のものもあれば手作りのものもある。都市部では毎日生麺が売られている。みな、安くておいしい生麺が好きなのだ。中国では、方便麺《ファンビヤンミエン》（即席麺）は、機械製の麺では生麺に次いで人気が高い。この麺は便利で長もちし、価格も手ごろで幅広い層に人気だ。ミェンビェン（mian biang）は、丸いもの、三日月型のもの、正方形や長方形、蝶々や菊の花の形のものまである。長いタイプは長寿のシンボルで、よく、誕生日や春節の贈り物にする。この麺は乾麺と同じ製法で作られるが、最後の裁断の工程でごく薄くするという点だけが異なる。切った麺はひねって波状にし、特製の鋳型に入れて蒸し機のトンネルをくぐらせて蒸し、空気を送って乾かし、小さく切り分けて包装する。

デュラム小麦で作る通心麺《トンシンミエン》（スパゲッティとマカロニ）は、1985年前後に中国の大都市に入ってきた。レストランや商業施設で出されるのが中心で、原料には小麦粉も使うので、デュラム小麦のセモリナ粉のパスタと同レベルの品質ではない。中国でもデュラム小麦は栽培されているが、デュラム小麦に課された国内価格制度と、一般市民の生活水準がかなり低いことも、通心麺の生産・販売拡大の妨げになっている。

●麺のゆで方・調理法

麺はゆで時間が短いため、欧米でもアジア諸国でも手軽な食べ物として食べられている。日本の立ち食い蕎麦や、香港、マレーシア、シンガポールの屋台では、昼食や夕食に手早く作った麺料理が食べられる。現代の中国ではなにを主食とするかはその地域で異なり、小麦と米のどちらが主要作物であるかによる。北部地域では主食の半分以上が小麦をベースにした食物であり、そのうち3分の2は麺だ。南部地域では、小麦製品は食事の3分の1程度でしかなく、麺はその半分ほどだ。麺は、中国北部では小麦で作るのがほとんどだが、挽いたモロコシ（イネ科の植物。地元では赤い小麦といわれる）、大豆、オーツ麦、米、ソバ、トウモロコシ、それに緑豆、海藻、コンニャク芋由来のデンプンも使用する。

味の好みと麺の調理法には南北間で大きな違いがある。麺が主食とされる北部では、太く、大半は、やわらかくなめらかな食感をもつ家庭の手作り麺を好む。南部では、麺は軽食とされることがほとんどで、噛みごたえのある食感を好む。北部では麺にほかの料理がつき、麺は汁ありのものも、汁なしのものもある。南部では、ゆで麺をさまざまな材料でとったスープでさっと煮たり、強火で手早く炒めた料理にくわえ、さらに火を通して味をなじませたりする。

どう食べるかにかかわらず、麺にはふた通りの調理法がある。一度だけ熱をくわえるものと、二度くわえるものだ[9]。沸騰した湯で麺を芯の濃い白い部分がなくなるまでゆで、すぐに湯切りをする点はどちらも同じだ。前者は、麺をゆでたら醤《ジャン》（豆鼓と挽き肉を炒めたもの）、汁《ジー》（ソース）や魯《ルー》（濃い肉汁）など、1種類あるいは数種類の具やソースをのせて出す。後者は、麺をまず沸騰した湯でゆで、湯切りをしたあと、さらに蒸し煮したり、さっと炒めたり、または強火でしっかりと炒めたり揚げたりする。こうした調理法の麺は炒麺《チャオミエン》ともいわれる。ほかには、涼麺《リャンミエン》（冷麺）、烩《フィ》麺《ミエン》（肉、野菜、スープで調理した麺）、鍋麺《グオミエン》、熱干麺《ラーガンミエン》（熱く汁のない麺）、それに韓国風の麺などがある。

●麺の種類

「アジアの麺」とは、東アジア、東南アジア、および太平洋岸アジア諸国の、麺や麺に類する食品を広く含む。原料は、小麦粉、米粉、その他デンプン質のものだ[10]。米粉とデンプンの麺は小麦粉の麺とは異なる。グルテンを含まないため、水と混ぜたときに、弾力性があり延ばしやすい生地にならないからだ。グルテンをもたないデンプン質の原料には、アルファ化した（糊状になった）材料をくわえる必要がある。これが原料どうしをくっつける役割をすることで、シート状にし、切ったり押し出したりして麺にすることもできる。あるいは、原料をゼリー状になるまでよく練ってから延ばしたり切ったりするか、粉と水を練ったものを押し出して熱湯に落とすことで、とろりと固まって麺の形ができる。

中国の麺は一般に、穀物や豆類、塊茎の粉と水で作り、塩はくわえない場合が多いが、アジア諸国の小麦麺は塩を使い、塩の種類によって、一般的な塩使用の白い麺と、アルカリ塩使用の黄色い麺に分けられる。塩を使ったふたつの麺の大きな違いは、一般的な塩が麺に乳白色と食感のまろやかさを与えているのに対し、アルカリ塩は麺を黄色にし、噛みごたえも出す点にある。小麦粉と水だけを使う麺作りは中国北部ではじまったが、アルカリ塩をくわえる習慣は中国南東部ではじまり、ここからアジアの他地域に広まっていったと思われる。東南アジアに移住した中国人はほぼ、広東省、福建省、広西省といった南部の省の出身だった。移住にはいくつか理由があり、地理的に近かったこと、人口増加による圧力、１６４４年の明朝崩壊といった内乱などが挙げられる。移民が持ち込んだ黄色い麺はすぐに、東南アジア諸国の料理で使われる標準的な麺となった。

白い麺は、日本、韓国、中国北部で一般的な麺で、白または乳白色でやわらかだ。黄色い麺は、マレーシア、シンガポール、インドネシア、タイ、台湾、香港、中国南部および日本で見られ、固く、弾力性のある食感があり、中国北部ではほとんど食べない。日本は、白と黄色の麺の両方を同じ割合で食べる唯一の国だ。

アルカリ塩使用の黄色い麺には多くの種類がある。その違いはおもに、延ばした生地の状態と切り方にある。もっとも一般的なタイプは、生麺（広東風）、乾麺、ゆで麺（福建風）、卵入りの生麺

（ワンタン）、そして蒸して乾燥、または蒸して揚げ、食べたいときに熱湯を注ぐと、水分を吸収してすぐに元の状態に戻る即席麺だ。東南アジアの大半で人気のある広東風麺は、基本的に生麺だ。日本では「中国風」の麺、つまり「中華麺」（ラーメン）ともいわれる。福建風の麺はマレーシア、インドネシア、シンガポールで人気があり、欧米の中国料理レストランでも一番人気がある麺だ。その起源は中国の福建省にあると思われる。福建麺は、1～2分ゆでで、芯が残る状態にして、その後手早くゆでたり揚げたりして調理する。

アルカリ塩水溶液は「かん水」や苛性アルカリ溶液とも言われ、これをくわえた麺は独特の黄色になり、しっかりと弾力性のある食感と、特徴ある香りと風味が出てくる。この黄色は、小麦粉が本来もつ色素であるフラボンにアルカリ性物質をくわえることにより発色したものだ。麺の黄色（あるいは茶色っぽい色）は、使用した小麦粉の品質を測るよいバロメーターであり、麺の作り方や、また本当に2分間ゆでたかどうかといったことまでわかる。生の麺は、ジャガイモやリンゴを切ったときに黒ずむのと同じように、酵素の働きで黒く変色しやすい。ゆでると酵素は死ぬため、これで変色するのを止めるのだ。

●即席麺

即席麺とは、生地を切ったあとに波打つ形にし、さらに蒸して乾燥、あるいは蒸して揚げたものだ。日本の日清食品の創業者である安藤百福《あんどうももふく》が、1958年8月に開発した。[11] 日本の統治下にあっ

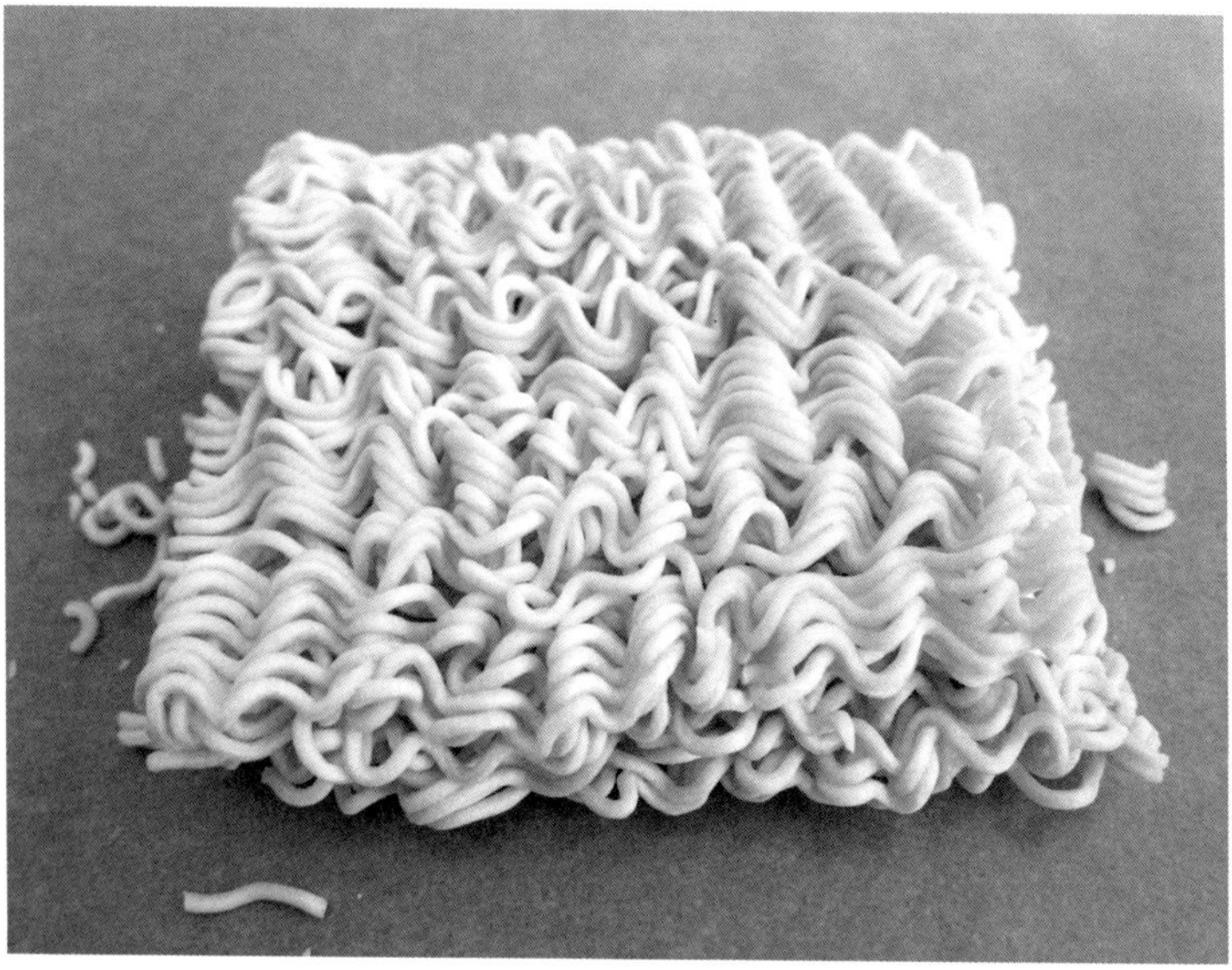

即席麵。すぐに食べたい人、お金の節約をする人が世界中で食べている。

た台湾の南西部で生まれた安藤は、この麵を「チキンラーメン」のブランド名で売り出した。この麵は大きなヒットとなり、チキンラーメンは即席麵の代名詞となった。のちの1971年、日清食品は「カップヌードル」を発売。チキンラーメンは熱湯を注ぐだけで食べられる麵だけの製品だったが、発泡スチロール製容器に入ったカップヌードルにはフリーズドライ処理された野菜やシーフードも入っており、十分食事になる即席麵として発売された。即席麵は、2000年に日本の民間シンクタンクが日本人を対象に行なった調査において、世界に誇れる20世紀最大の日本の発明に選ばれた。[12]皮肉にも、日本の食品産業は、当初即席麵を将来性のないただの珍品としか認識していなかった。

即席麵の消費はとくに収入の低い層に大き

カップヌードルミュージアムの展示。横浜。

く広がり、即席麵の販売量は1997年のアジア通貨危機後の経済指標として追跡された。その根拠となったのは、安価な即席麵の販売量は高額な食品を買う経済状況にない場合に急増する、とする見方だ。世界で人気の即席麵だが、この人気は、日本の積極的な技術移転と、手ごろな価格の便利な食品が欲しいという消費者の願望を反映したものだ。

即席麵が人気を博したことで、高価な食材やシーフード、豚肉、卵などさまざまな材料を使用した高級タイプのものも生まれた。即席麵は家庭で作って食べるのが一般的だが、商才のある料理人はこれをレストランやカフェの料理にしてさらに人気の食品にし、香港式の麵料理の屋台でも出されている。シェフが自分流の味つけにして出す即席麵のひと皿料理は大きな流行となって、客を引き付けている。毎日お昼と夕暮れどきには、ニューヨーク市のモモフク・ヌードルバー［2004年にオープンしたラーメンレストラン］のあるブロックには根気強く待つ人の列ができている。

1997年には世界の製麵業者によって世界ラーメン協会も設立され、即席麵はもはやジャンクフードの域を脱している。この組織は、国際連合食糧農業機関（FAO）の国際食品規格委員会（コーデックス委員会）と世界保健機関（WHO）と協力して即席麵の国際規格を設定し、栄養的に信頼性のある食品として、即席麵を世界中の被災地で配布している。

●デンプン麵

さまざまな植物からとったデンプンで作ったデンプン麵は、アジアの麵では一大勢力だ。乾燥デ

緑豆のデンプンで作ったセロファンヌードル

ンプンとゼリー状になったデンプンを混ぜてどろりとした粥状のものや生地にして、これを直接熱湯に押し出してゆで、冷水とお湯に交互に浸して冷やしと温めを行ない、その後乾かす。デンプン麺はパスタとも小麦粉の麺とも異なる。デンプンはグルテンを含まないため、構造も食感も違うのだ(13)。一般に、デンプン麺は透明か半透明で、切れにくく、長くゆでても湯はにごらない。

デンプン麺には「セロファンヌードル」と言われるものもある。ゆでる前もあとも透明だからだ。中国では少なくとも1400年も前から作られ、ここから近隣諸国へと広がった。初めてデンプンで作った麺が緑豆春雨だったため、デンプン麺は緑豆麺《リユウドウミエン》(緑色の豆の麺)と言われるのが一般的だ。ほかには、粉絲《フエンスー》(やわらかな白い麺)、冬粉《ドンフエン》(冬の白い麺)といった名もある。韓国の唐麺《タンミヨン》はサツマイモデンプンで作ったセロファンヌードルだ。緑豆麺によく似て、アルデンテの性質をしっかり保ち、再加熱してもくずれない。日本料理では、透明のデンプン麺はハルサメ（春の雨）という。

中国の記述にデンプン麺が初めて登場するのは北魏（紀元386～534）時代であり、賈思勰《かしきょう》が著名な書である『斉民要術』にデンプンとデンプン麺作りの詳細を記している。デンプン麺の作り方は、機械化されても基本は変わっていない。(14) 古い言い伝えでは、戦国時代に軍師の孫臏《そんぴん》がデンプン麺を作ったとあるが、これを裏付ける記録はなく、デンプン麺の起源は歴史家にとって謎のままだ。

デンプン麺は原材料のタイプ、麺の大きさ、作り方、産地、市場に出すときの形態といった要素によって分類される。(15) デンプン麺といえばまずは緑豆のデンプン麺のことであり、これはきめが細かく最高級品だ。きめの粗いデンプン麺には、ソラ豆、エンドウ豆、ササゲ、小豆などの豆類や、ジャガイモ、サツマイモ、キャッサバといったさまざまな塊茎や根茎、さらにはトウモロコシ、小麦、モロコシなど多様な穀類のデンプンで作ったものがある。デンプン麺は細いものも太いものも、また平たいものもある。一番多いのは細いデンプン麺だ。非常に調理しやすいからだ。デンプン麺の食感と太さはいくらか違いはあるものの、たいていはよく似ており、調理法も大きくは変わらない。

世界の人口の半分の食を支える米は、アジアのほとんどの家庭で毎日口にする主食だ。米で作る加工食品といえば麺で、麺作りの工程は、緑豆やジャガイモ、コンニャク芋など、最初にデンプンを抽出する必要のある他のデンプン麺よりも、ずっと簡単だ。米の麺は、中国では米粉《ミーフェン》や米線《ミーシエン》（細い糸)、河粉《ヘーフエン》(リボン)と言われることが多く、初めて作られたのは数千年前だと考えられている。

中国には次のような話が伝わる。秦王朝の始皇帝(紀元前259~210)が、中国南部に軍を差し向けたさい、この地方は米が主食だったのだが、米食が口に合わない兵士たちは北部の小麦の麺を懐かしがった。知恵をしぼった料理人が米粉を使って麺を作ろうとしたが、うまくいかない。そこで、底に穴の開いた石臼を工夫し、水を足しながら臼で米粉を挽いてその穴に通し、大きな鍋の熱湯に直接落としてみた。こうしてできた米の麺は小麦の麺とそっくりで、兵士たちは喜んで食べた(16)。その後、中国の伝統的な香辛料と薬草をこの麺のスープにくわえて兵士たちに滋養をつけてもらい、病気も防いだ。しまいには死んだ軍馬の肉もスープに入れたという。このスープ麺は今日でも食べられており、雲南省では過橋米線《グオチャオミーシエン》と呼ばれている。

同じアジアでも、米の麺は地域が変われば作り方も異なり、製造方法で区別されている。切粉《チエフエン》はゼラチン状のシートを細く切ったもの、榨粉《ジャーフエン》は米粉の生地を押し出したもので、生地を醗酵させたものも未醗酵のものもある。醗酵させた米の麺はタイではカノムジーンといい、腐りやすい。今日では消費期限を延ばすために急速冷凍している。

麺についてなにかを語ろうとするとき、「即席」という語は手軽さ、つまり調理時間の短さを意味する。だが生産者が考える「即席」とは、水分を与えて麺を元とまったく同じ状態に戻すことだ。小麦の麺は揚げて即席麺にする。揚げると麺に微細な穴があき、熱湯をくわえたときに、この穴が水分を吸って短時間で元の状態に戻るのだ。米麺の場合は麺を極細にし、じっくり蒸してから乾燥

作りたてのタイの米麺。バナナの葉をしいたかごに鳥の巣のような形で収まり、市場に出されるのを待っている。

させることで、この時間が短縮される。即席の米麺は、即席の小麦麺と同じく調味料の小袋つきで販売され、熱湯を注ぎ3分待てば食べられる。生の即席米麺は、乾燥させずに酸性の溶液をかけるか、これに浸して腐敗の原因となる微生物の増加を防ぐ。それから密封して衛生状態を保つ。生の即席米麺は南アジアや中国で人気の朝食であり、世界中で急成長している麺製品のひとつでもある。

◉ベトナムの麺

麺はベトナムで人気の食品で、とくにベトナム北部の料理には欠かせない。この地域は中国の強い影響を受け、今もそれが続いている。[17] おもに米、タピオカ、小麦で作る麺は、生（トゥオイ）と乾燥（ホー）さ

ベトナムのビーフ・フォー

せたものがあり、太さや長さはさまざまだ。ブンタウまたはブンタオは薄く透明なセロファンヌードルだ。

ベトナムの麺料理には世界のさまざまな料理の強い影響がみられ、それぞれに、影響を受けていることやその起源、風味がはっきりとうかがえる。

歴史的にも地理的にも近いため、ホアンタン（ワンタン）、ハーカオ（蝦餃《ハーガウ》。ギョウザのこと）、ミー（麺《ミエン》。小麦粉麺のこと）、バンバオ（包子《バオズ》）、ミーシャオ（炒麺《チャオミエン》）など、呼び名には中国語の発音の影響がうかがえる。

また17世紀にシャム（現在のタイ）とインドと交易があったために、中央および南ベトナムの料理にはカレー（カリ cà ri）が入ってきた。チキン・カリやヤギのカリを添えた米のヴェルミチェッリは、結婚式や葬式、法事など社会的な集まりに出す料理の中心にある。

ベトナムの米麺のスープ、ブンヌックレオにはマムボーホック（魚をペースト状にしたもの。プラホック）が欠かせない点には、クメール［カンボジアの主要民族。9～15世紀にはクメール王朝が存在した］の影響がうかがえる。

ベトナムの代表的麺料理であるフォーは1880年代に登場したもので、中国とフランス料理の影響を強く受けている。旧宗主国フランスのビーフシチューであるポトフから生まれ、フランス、中国、それにこの地域でとれる食材が一緒に使われる、ベトナム独特の麺料理となっている。1975年にベトナム難民がフォーを北アメリカに持ち込むと大きな人気を呼び、現在、アメリカには2000軒あまりのフォーのレストランがある。

◉朝鮮半島の麺

朝鮮半島では麺を「クッス」や「ミョン（麺）」という。朝鮮料理には欠かせない麺は、有史以前まで歴史をさかのぼれる。韓国の岩寺洞《アムサドン》にある新石器時代の遺跡には、有史以前の住人が平たい石にドングリをのせ、丸い石でつぶして粉にしていた証拠が残っている。韓国の麺ドトリクッスはドングリの粉やデンプンで作ったもので、この地域独特の麺だ（いつ頃から作られたのかは不明）。

李氏朝鮮時代（1392～1897）には、クズを原料にした冷麺《ネンミョン》が生まれている。

麺は朝鮮半島において古代から食べられており、米、ソバ、また緑豆、キャッサバ、サツマイモ

韓国の麺、カルクッス。

その他の野菜のデンプンを原料とした。小麦麺（ミルクッス）が一般にも多く食べられるようになったのは1945年以降のことで、この地域に小麦が大量に持ち込まれるようになってからだ。(18)

麺の名称はその原材料を表している。ダンミョン（サツマイモデンプンで作ったセロファンヌードル）、メミルクッス（日本の蕎麦と似た、ソバが原料の麺）、オルチェンイククッス（乾燥トウモロコシ粉が原料の麺）、ホバククッス（カボチャと小麦粉で作った麺）、チョンサチェ（蒸し昆布の抽出液で作る透明な麺）などだ。

◉日本の麺

伝統的な日本食では、朝食からはじまりほぼ毎食米飯が出されるが、麺は消費量が増加

日本の蕎麦の乾麺。ソバ（学名 *Fagopyrum esculentum*）の種子の粉を原料とする。英語名（buckwheat。wheat は小麦の意）から連想するのとは違い、ソバは小麦ではなく、タデ科のスイバやダイオウの仲間。

しており、日本料理の代表的メニューになっている。もとは中国から入ってきたものだが、日本の麺は独特の作り方や調理法、形状をもち、他のアジア諸国の麺とは大きく異なる。[19] 植物のソバは中国の雲南省に起源をもつとされているが、シベリアで発見されたとする説もある。蕎麦《そば》の麺には少量の小麦粉をくわえているのが一般的で、これはソバ粉に足りない弾力性とコシを出すためだ。蕎麦は一般に非常に細く、短時間でゆでられる。手軽で安価な軽食としても、食事の中心に据えるものとしても楽しめる。

素麺《そうめん》は小麦粉を原料とし、6世紀以上にわたり、播州《ばんしゅう》（現在の兵庫県南西部）でよく食べられてきた。初めて素麺の名が出てくるのは、兵庫県揖《い》保《ぼ》郡の斑鳩寺《いかるがでら》で発見された1418年頃の写本であり、素麺は江戸時代（1603～1868）に入って人気が出た。素麺は手延べのものと機械

「麺を干す娘と女中」(Young Girl and Servant Drying Japanese Fine Noodles)。鈴木春信作の錦絵。1766年頃。

うどん

製麺のどちらもあり、手延べ素麺はそのすぐれた味と食感で、ぜいたく品と位置付けられている。保存しておくことで食感が向上し風味は増すため、2～3年ものの素麺は非常に高値で売れる。素麺は季節に合わせた調理法にし、夏には冷たいつゆで、冬には温かいつゆで食べる。

冷麦《ひやむぎ》は小麦粉で作る細く折れやすい日本の麺だ。長い麺を束にしたものが売られている。束には、白い麺にピンクや緑色のものも混じっていて目を楽しませる。色にかかわらず麺はみな同じ味で、麺つゆを添えるだけで手軽にとれる食事だ。

うどんは、高貴な人々だけが食べた時代もあった。9世紀初め頃、中国に仏教を学びに行った僧、空海が持ち帰ったとも言われる。中国の粗麺《ツーミエン》がうどんの祖だという説もある。うどんは一般に小麦粉、水、塩で作る。

ハルサメは、ヤマイモや緑豆のデンプン、またジャ

横浜のカップヌードルミュージアムの展示。日清食品の創業者であり、インスタントラーメンの開発者でもある安藤百福が生んだ即席麺やその他製品を展示する。

ガイモやサツマイモ、米のデンプンで作る透明なセロファンヌードルだ。ふつうグルテンは含まず、温かい料理にも冷たい料理にも使う。調理前に水に浸すとしなやかになり、やや噛みごたえが出る。日本のハルサメは他地域のセロファンヌードルと違い、乾燥の工程で鳥の巣のような形にはしない。

トコロテンは、テングサ（テングサ科。学名 *Gelidiaceae*）やオゴノリ（オゴノリ科。学名 *Gracilaria*）などの海藻を煮立ててゼラチンに似た性質をもつ寒天を抽出し、これを麺状にしたものだ。繊維質が豊富でカロリーゼロ、さらに動物性タンパクも含まないため、ベジタリアンにも好評だ。トコロテンは、酢と醤油などをあわせたつゆで、あるいは甘い黒蜜をかけて食べるのが一般的だ。

ラーメンは中国起源だが、有名にしたのは日本人だ。[20] 日本に入った時期は不明で、謎に包まれた歴史については推測するしかない。「ラーメン」という語の語源については諸説ある。中国語の拉《ラー》麺《ミエン》（手延べ麺）を日本語読みしたもの。鹵麺《ルーミエン》（濃い、とろりとしたソースで調理する麺）のもととなった老麺《ラオミエン》（昔の麺）。または広東語で、麺をソースで調理するときの方法を言う、「かき混ぜる」を意味する撈麺《ラオミエン》から派生したもの。１９５０年代までは、ラーメンは支那そば（中国の蕎麦）と呼ばれていたが、現在では中華そばやラーメンと言われている。「中国」を意味する支那には侮蔑的意味合いがあるからだ。ラーメンは20世紀初頭に日本の食堂で初めて出されて以来、外食メニューとしてずっと人気を保っている。

シラタキはコンニャク芋の粉で作り、体重増や慢性疾患のリスクを気にかける人向きの食材としてもよく利用されている。[21] アメリカでは、アジア食品専門店や、アジア系住民が多い地域の大きな食品雑貨店に行けば、たいていはシラタキを買える。シラタキという名は日本語で「白い滝」を意味する。水から移すときにそう見えることを表現したものだ。小売り店では通常は袋に水と一緒に入っており、水洗いしてすぐに使えるものや、１年程度もつものもある。

麺が何千年にもわたり作られ、食べられてきたことはたしかな事実だ。古くからあるこの食べ物はつねに進化を続けてきた。世界中で生産技術や機械が改良され、また人々の味の嗜好に合わせたり、土地の食材を取り入れたりして手がくわえられている。現在、麺の分野において一番の革新と言えるのが、中国料理レストランの経営者ツイ・ラングアンが設計したロボット「シェフ・ツイ」の導入だ。このロボットは麺を切り、熱湯の入った鍋に投入する作業を延々と続ける。これによって労働コストは大きく低下するうえ、新しくて、なおかつ食欲をそそりおいしいものを求める貪欲な消費者も満足させるのだ。

謝辞

本書があるのは、発行者のマイケル・リーマンと、友人で食物史研究仲間のブルース・クレイグのおかげである。おそらく何千ページにもおよぶ調査や記録を行ない、大変な労力を費やしてくれたおかげで、本書の執筆を続けられた。執筆中には、多くの方々から厖大なことを学んだ。この原稿に直接あるいは間接的にかかわってくださったすべての皆様に、心より感謝する。

冗長にならない文章にできたのは、ハワード・モスコウィッツのかぎりない才能のおかげだ。ビル・ハーヴェイは、私の文章の内容に沿った写真を見つけてくれた。専門用語をわかりやすく美しい表現にしてくれたのはキム・ステュワート。アンナ・デル・コンテ、カール・ホスニー、チャールズ・ペリー、エリーザー・ポスナー、エヴァ・アネージ、フランコ・ラ・セクラ、ゲーリー・ホウ、ジェームズ・デクスター、ジョエル・ディック、リンダ・マルコームソン、ルー・カイ・スーン、オレッタ・ザニーニ・デ・ヴィータとモーリーン・ファント、ポール・セイブ、R・R・マツオ、シルヴァーノ・セルヴェンティ、フランソワーズ・サバン、アントニー・シュガーに感謝を。『パスタと麵の歴史』関連の調査、出版に協力いただいた方々だ。アカデミア・バリッラ、旧習保存トラストのサラ・ベール＝シノット、ティム・ウエブスター、ノーム・アブレオ、シカゴのフォールズ・パスタ社のクリス・ブラッドレー、またイザベラ・サンチェスとエドゥアルド・モンロイ、レオナルド・デフランシシ、ゼレガ＆サンズ社のロブ・ヴァーミリンとマーク・ヴァーミリン、全米パスタ協会のキャロル・フライジンガーに感謝申し上げる。

もちろん、私が全力を尽くせたのは両親のおかげだ。私がなにより愛する子供たち、タラとニッキルにも感謝を。最後に、私のビジネス・パートナーであるクリス・ヒューズも本書の細部に目を配り、支えてくれた。

訳者あとがき

本書『パスタと麵の歴史 *Pasta and Noodles : A Global History*』は、イギリスの Reaktion Books が刊行する The Edible Series の一冊である。このシリーズは２０１０年に、料理とワインに関する良書を選定するアンドレ・シモン賞の特別賞を受賞している。

著者のカンタ・シェルクは食品関連企業の運営に携わり、大学や起業スクールで講師も務める。栄養学から健康、福祉、食品産業やそれに関わる特許にいたるまで研究分野は広く、まさに食の専門家である。

パスタや麵を嫌いな人などいるのだろうか。そう思うほど、パスタも麵も世界中で人気だ。著者は、イタリアと中国という遠く離れた地で発展したパスタと麵を「似ていないふたご」と表現し、それぞれの発展過程を追う。どちらもその起源についての詳細は不明だが、小麦粉を原料とするパスタはイタリアから欧米諸国へ、小麦粉や、植物からとったデンプンを原料とする麵は、中国からアジア諸国へと広がっていった。いうまでもなく、日本でもパスタと麵は大人気だ。以前には、パスタの呼び名に「スパゲッティ」と「マカロニ」くらいしか使われていなかったが、今ではフェットゥチーネやペンネ、リングイーネ、ラザーニャなどなど、スーパーマーケットのパスタ売り場でもこうした名をごくふつうに目にするようになっている。またパスタ料理店も地域を問わず多い。一方で、日本ではなんとなく、パスタ料理店を選ぶさいに「乾燥パスタ」よりも「生パスタ」を出す店のほうが高級、というイメージを抱いている人も少なくないのではないか。だが、イタリアでこだわるデュラム・セモリナ粉を原料とするパスタと、そのパスタを乾燥させる工程のむずかしさを知れば、そうしたイメージも変わるだろう。

本書で解説されている世界各地のパスタに日本は登場しないが、パスタは日本の社会にもすっかり溶け込んでいると言える。オーソドックスなトマトソースを使ったもののほか、ちりめんじゃこや明太子、青紫蘇、のり、醤油など、「和の食材」を使った「和風パスタ」を好きな方も多いはずだ。また紹介されているとおり、日本の麺類は非常にバラエティ豊かだ。さらに、ひと昔前はめずらしかったフォーなどアジアの麺料理も、専門店だけでなくカップ麺のラインナップにもあり、いまや手軽に食べられる。「白い麺」と「黄色い麺」の両方を同じように食べているのは日本だけ、という記述も、うどんとラーメンの人気を思えば納得できる。そして日本では、パスタも麺も、日本人の口に合うよう「進化」してきた。中国から入ってきたラーメンにいたっては、「日本料理」のひとつとして世界に進出して人気だ。きっと、パスタも麺も日本での人気は衰えることなく、さらに進化しながら、これからも消費されていくことだろう。

ところで、日本の小麦産地と言えば北海道だが、私の故郷福岡県は（かなり差はあるものの）それに次ぐ産地だ。とくに県の南部では米と小麦の二毛作がさかんで、初夏には金色の麦畑が美しく、「麦秋」を実感できる。また、日本三大ラーメンのひとつを有するため、近年、県の農林業総合試験場がご当地ラーメン専用の小麦品種を開発し、これが県内の農家限定で生産されている。このラーメン用小麦（「ラー麦」といいます）はグルテンを多く含み、これから作った麺は色が明るくコシが強くて、のびにくいそうだ。これを聞いて、デュラム・セモリナ粉で作るイタリアこだわりのパスタが頭に浮かぶのは私だけではないだろう。

原書に英語で表記されている中国料理などについては可能な限り漢字表記に改め、また原音に近いカタカナ表記を付したが、漢字表記を特定できなかったり、カタカナ表記に心許ない箇所がいくつか残ってしまった。カタカナ表記のほかにピンインを併記している部分があるのは、そのような事情による。お詫び申し上げる。最後になったが、本書の出版にあたっては多くの方々にお世話になった。とくに、翻訳にさいし丁寧かつ適切な助言をいただいた原書房編集部の中村剛さん、オフィス・スズキの鈴木由紀子さんに心からお礼申し上げる。

２０１６年12月

龍　和子

写真ならびに図版への謝辞

図版の提供と掲載を許可してくれた関係者にお礼を申し上げる。

Angeimoarm: p. 124; Chris Bradley: p. 101; BrokenSphere: p. 130; ceficefi: p. 149; Sigismund von Dobschütz: p. 119; Col. Leonard DeFrancisci and Joe DeFrancisci of DEMACO: pp. 62, 66, 68, 70, 71; Erbensuppe: p. 113; Freeimages: p. 53 (Michaela Kobyakov); Bill Harvey: pp. 49上 , 83; Michael Hermann: p. 123; Hintha: p. 126; Chee.Hong: p. 137; iStock: p. 6 (egal); Kraft Foods: p. 103; Kropsoq: p. 122; Courtesy Professor Houyuan Lu: p. 17; Moody 75: p. 145; Nnaluci: p. 12; Roberto Pagliari and Barilla Company: pp. 64, 67; Peretz Partensky: p. 114; D Sharon Pruitt: p. 103; FotoosVanRobin: p. 146; Shutterstock: pp. 14 (Ivan Mateev), 83 (bikeriderlondon), 139 (Ozgur Coskun), 148 (andtpkr); Top-quark22: p. 52; Kham Tran, www.khamtran.com: p. 143; Wykymania: p. 120; Goh wz: p. 37; Zerohund: p. 53.

参考文献

Agnesi, Eva, *E tempo di pasta* [It's pasta time] (includes writings of Vincenzo Agnesi), Museo Nazionale delle Paste Alimentari (Rome, 1998)

Alexander, David, 'The Geography of Italian Pasta', *The Professional Geographer*, LII/3 (2000), pp. 553-66

Baldassar, Loretta, and Ros Pesman, *From Paesani to Global Italians: Veneto Migrants in Australia* (Crawley, Western Australia, 2005)

Borden, Inc., 'What is Pasta?' booklet, 1994

Bottéro, Jean, and Teresa Lavender Fagan, *The Oldest Cuisine in the World: Cooking in Mesopotamia* (Chicago, 2004)

Bugialli, Giuliano, *Bugialli on Pasta* (New York, 1988)

Capatti, Alberto, *Italian Cuisine: A Cultural History* (New York, 2003) [『食のイタリア文化史』アルベルト・カパッティ，マッシモ・モンタナーリ著，柴野均訳，岩波書店，2011年]

Codex Alimentarius Commission, *Codex STAN 249: Codex Standard for Instant Noodles*, available at www.codexalimentarius.net

Conte, Anna Del, *Portrait of Pasta* (London, 1976)

———, *The Pocket Guide to The Cooking of Pasta* (Milan, 1984)

Davidson, Alan, 'Pasta', in *The Oxford Companion to Food*, ed. Alan Davidson (Oxford, 1999), pp. 580-84

della Croce, Julia, *Pasta Classica: The Art of Italian Pasta Cooking* (San Francisco, CA, 1987)

Dick, Joel W., and Robert R. Matsuo, 'Durum Wheat and Pasta Products', in *Wheat: Chemistry and Technology*, ed. Yeshajahu Pomeranz, American Association of Cereal Chemists, Inc. (St Paul, MN, 1988), vol. II, p. 523

Fabriani, Giuseppe, and Claudia Lintas, *Durum Chemistry and Technology* (St Paul, MN, 1988)

Fitzgibbon, Theodora, *The Food of the Western World: An Encyclopedia of Food from North America and Europe* (New York, 1976), p. 319

Fuad, Tina, and P. Prabhasankar, 'Role of Ingredients in Pasta Product Quality: A Review on Recent Developments', *Critical Reviews in Food Science and Nutrition*, L/8

(2010), pp. 787-98

Galvez, F.C.F., A.V.A. Resurrection and G. O. Ware, 'Process Variables, Gelatinized Starch and Moisture Effects on Physical Properties of Mungbean Noodles', *Journal of Food Science*, LIX/2 (1994), pp. 378-86

Giacosa, Ilaria Gozzini, *A Taste of Ancient Rome* (Chicago, 1992)

Giudice, Luisa Del, 'Mountains of Cheese and Rivers of Wine: Paesi di Cuccagna and other Gastronomic Utopias', in *Imagined States: National Identity, Utopia, and Longing in Oral Cultures*, ed. Luisa Del Giudice and Gerald Porter (Logan, UT, 2001)

Hazan, Giuliano, *The Classic Pasta Cookbook* (Sydney, 1993) [『クラシック・パスタ』ジュリアーノ・ハザン著，梅村由美子訳，講談社，1995年]

Herbst, Sharon Tyler, Food Lover's Companion (Hauppage, NY, 2001)

Hoseney, Russell Carl, 'Wet Milling', in *Principles of Cereal Science and Technology* (St Paul, MN, 1990), pp. 153-65

———, 'Pasta and Noodles', in *Principles of Cereal Science and Technology* (St Paul, MN, 1990), pp. 277-91

Hou, Gary G., *Asian Noodles: Science, Technology, and Processing* (Hoboken, NJ, 2010)

'Japan Votes Noodle the Tops', BBC News, 12 December 2000, http://news.bbc.co.uk

JAS (Japanese Agricultural Standard for Instant Noodles), Notification No. 1571 (1986) p. 5

Juliano, Bienvenido, and J. Sakurai, 'Miscellaneous Rice Products', in *Rice: Chemistry and Technology* (St Paul, MN, 1985), pp. 569-612

Kiple, Kenneth F., *The Cambridge World History of Food* (Cambridge, 2000) [『ケンブリッジ　世界の食物史大百科事典』ケネス・F・キプル著，石毛直道他シリーズ監訳，朝倉書店，2004-2005年]

Knechtges, David, 'A Literary Feast', *Journal of the American Oriental Society*, CVI/1 (January-March 1986), pp. 49-63

Kruger, James E., Robert B. Matsuo and Joel W. Dick, *Pasta and Noodle Technology* (St Paul, MN, 1996)

La Cecla, Franco, *Pasta and Pizza* (Chicago, 2007)

Lawson, Nigella, *Il museo immaginario della pasta* (The Imaginary Museum of Pasta) (Turin, 1995)

Lee, Calvin B.T., and Aubrey Evans Lee, *The Gourmet Chinese Regional Cookbook* (New York, 1979)

Mantovano, Gioseppe, *La cucina italiana: origine, storia e segreti* (Rome, 1985)
Martini, Anna, and Massimo Alberini, *Pasta & Pizza* (New York, 1974)
Milatović, Ljubomir, and Gianni Mondelli, *Pasta Technology Today* (Pinerolo, 1991)
Montanari, Massimo, 'Macaroni Eaters', in *The Culture of Food* (Oxford, 1994), pp. 140-48
Perry, Charles, *The Oldest Mediterranean Noodle: A Cautionary Tale* (Devon, 1981), pp. 42-5
———, 'What was Tracta?', *Petits Propos Culinaires*, XII (Devon, 1982), pp. 37-9
Plotkin, Fred, *The Authentic Pasta Book* (New York, 1985)
Pomeranz, Yeshajahu, *Wheat Chemistry and Technology*, vol. I and vol. II (St Paul, MN, 1988)
———, *Wheat is Unique: Structure, Composition, End-Use Properties, and Products* (St Paul, MN, 1989)
———, and Lars Munck, *Cereals: A Renewable Resource: Theory and Practice* (St Paul, MN, 1981)
Prezzolini, Giuseppe, *A History of Spaghetti Eating and Cooking For: Spaghetti Dinner* (New York, 1955)
Rizzi, Silvio, and Tan Lee Leng, *The Pasta Bible* (New York, 1996)
Serventi, Silvano, and Françoise Sabban, *Pasta: The Story of a Universal Food*, trans. Antony Shugaar (New York, 2002) [『パスタの歴史』シルヴァーノ・セルヴェンティ, フランソワーズ・サバン著, 飯塚茂雄・小矢島聡監修, 清水由貴子訳, 原書房, 2012年]
Snodgrass, Mary Ellen, 'Pasta', in *Encyclopedia of Kitchen History* (Bingley, 2005), pp. 447-50
Spaghetti Picking in the Spring, 'BBC fools the nation', BBC News, 1 April 1957, http://news.bbc.co.uk/onthisday
Tan, H. Z., Z. G. Li and B. Tan, 'Starch Noodles: History, Classification, Materials, Processing, Structure, Nutrition, Quality Evaluating and Improving', *Food Research International*, xxxvii (2009), pp. 551-76
Tannahill, Reay, *Food in History* (New York, 1995) [『食物と歴史』レイ・タナヒル著, 小野村正敏訳, 評論社, 1980年]
The U.S. Pasta Market: A Business Information Report (Commack, NY, 1991)
Toussaint-Samat, Maguelonne, *A History of Food* (New York, 2008) [『世界食物百科』マグロンヌ・トゥーサン＝サマ著, 玉村豊男監訳, 原書房, 1998年]

Trager, James, *The Food Chronology: A Food Lover's Compendium of Events and Anecdotes*, From Prehistory to the Present (New York, 1985)

U.S. Department of Agriculture, Nutrition Monitoring Division, *Composition of Foods: Cereal Grains and Pasta: Raw, Processed, Prepared* (Washington, DC, 1989)

Valli, Carlo, *Pasta nostra quotidiana: Viaggio intorno alla pasta* (Our Daily Pasta: Journeying around Pasta) (Padua, 1991)

Wang, H., *Mozhijiaoshi* (Hangshou, 1984), translation by Sidi Huang, Bread Research Institute of Australia, North Ryde, Australia

Wang, X., *One Hundred Varieties of Noodles* (Guangzhou, 1987), translation by Sidi Huang, Bread Research Institute of Australia, North Ryde, Australia

Wootton, Michael, and Ron B. H. Wills, 'Correlations between Objective Quality Parameters and Korean Sensory Perceptions of Dry Salted Wheat Noodles', *International Journal of Food Properties*, II/I (1999), pp. 55-61

Wright, Clifford A., 'Cucina Arabo-Sicula and Maccharruni', in *Al-Mashaq: Studia Arabo-Islamica Mediterranea*, IX (1996-7), pp. 151-77

———, 'The Discovery and Dispersal of Hard Wheat (*Triticum durum*) and its Inventions: Pasta and Couscous and their Varieties in Tunisia', paper delivered at the Sixth Oldways International Symposium, *Tunisia: The Splendors and Traditions of its Cuisines and Culture* (Djerba, Sousse and Tunis, 4 December to 10 December 1993)

Wright, Jeni, *The Cook's Encyclopedia of Pasta* (London, 2003)

Yu, Ying-Shih, 'Han', in *Food in Chinese Culture*, ed. K. C. Chang (New Haven, CT, 1977)

Zannini de Vita, Oretta, *Encyclopedia of Pasta*, trans. Maureen B Fant (Berkeley, CA, 2009)

Zhang, J. M., and X. Chi, *Production of Starch Noodles* (2001), p. 1

Zhang, W., C. Sun, F. He and J. Tian, 'Textural Characteristics and Sensory Evaluation of Cooked Dry Chinese Noodles Based on Wheat-Sweet Potato Composite Flour', *International Journal of Food Properties*, XII/2 (2010), pp. 294-307

米粉	ミーフェン（ピンイン），マイフン（広東語），ビーフン（福建語），センミー（タイ語）	ライス・ヴェルミチェッリ	薄い米の麵。
生麵	シェンミェン（ピンイン），サーンメン（広東語）		つるつるとした表面。
蝦子麵	シャーツーミェン（ピンイン），ハーツーミン（広東語）		小麦粉とかん水が原料の麵で，黒い斑点に見えるのは蝦の卵。
銀針粉	インジェンフェン，ラオシューフェン（ピンイン），ガンジャムファン（ngàhn jām fán），ロウシューファン（lóuh syú fán）（広東語），ニャウチューフン（ngiau chu hoon）（福建語）		小麦のデンプンで作った糸巻型の麵。
冬粉	ドンフェン，ドゥンフン，ダンフン（ピンイン）		緑豆デンプンの細い麵。
伊麵	イーミェン，イーフーミェン（ピンイン），イーメン，イーミン，イーフーミン（広東語），イーミー，イーフーミー（福建語）		小麦と卵，あるいはこれにかん水を使用した噛みごたえのある揚げ麵。

瀨粉	アイフェン（ピンイン），ラアイファン（広東語）	ライス・フェットゥチーネ	太く丸い半透明の麵で，もち米で作る。
涼皮	リャンピー（ピンイン）		半透明の麵で，小麦粉からグルテンを取り出したあとに残ったデンプンで作る。
涼麵	リャンメン（広東語）		冷麵。
老麵	ラオミェン（ピンイン）	スパゲッティ	小麦粉の麵で，スライスした野菜や肉と一緒に炒めるのが一般的。
米線	ミーシェン（ピンイン），マイシン（広東語），ビーソア（福建語），センレック（タイ語）	ライス・カペッリーニ	米の麵で，桂林米粉（グイリンミーフエン）とも言われる。
猫耳朶	マウイードー（maau yi do，広東語）	オレッキエッテ	ネコの耳のような形。
麵薄	ミェンバオ（ピンイン），ミーポック（広東語，タイ語）	リングイーネ	平たい卵麵やかん水使用の小麦麵。
麵線	ゴンミェン（ピンイン），メンシン（広東語），ミーソア（福建語），ミースア（タイ語）	細いヴェルミチェッリ	塩をくわえた細い麵で，茶色いものもある。
(緑豆)粉皮	フェンピー（ピンイン），ファンペイ（広東語）	ラザーニャ	広く透明な麵で，緑豆デンプンが原料。
油麵	ヨウミェン（ピンイン），ヤウミン（広東語）		小麦粉と卵，またはかん水を使用した麵。ゆで麵である場合が多い。
ラーメン	中国の拉麵（手延べ麵），老麵（昔ながらの麵），鹵麵（小麦麵）。日本では1950年代まで支那そば（中国のそば）といったが，現在では中華そばと呼ぶ。	鹵麵，中華そば	蒸して乾燥，または揚げてから乾燥させた，波打った形状の即席麵。

付録2　麺の種類

団子状パスタ（パスタもどき）の仲間

一般的な名称	通称	同類のパスタ	解説
粉絲	フェンスー（ピンイン），フンツェ（広東語），ウンセン（タイ語）		非常に細い，緑豆のデンプンで作った麺。
粗麺	ツーミェン（ピンイン），チョウメン（広東語）		厚みのある小麦粉麺で，これから派生したのがうどんと言われる。
刀削麺	ダオシャオミェン（ピンイン），タウサクメン（doe seuk mein）（広東語）	シュペッツレ	硬い生地の塊を包丁で削ぎ落とした，短く平たい麺。
河粉	シャーヘーフェン，ヘーフェン（ピンイン），ホーフン（広東語），ホーファン（福建語）	ライス・パッパルデッレ	非常に幅広の，平打ちの米の麺。
竹昇麺	ジューシュンミェン（ピンイン），ジュクシンミン（広東語）		太い竹で打ち，生地をやわらかくした広東の麺。
粿条	グォティアオ（ピンイン），クゥイティオ（広東語）クゥイテャオ（福建語），センヤイ（タイ語），セミヤン（マレー語），セミアン，セヴ（インド）	ライス・ヴェルミチェッリ	平たく薄い米の麺。
拉麺	ラーミン（広東語），バミー（タイ語）	カッペッリーニ	手延べ麺で，これからラーメンが派生。

付録1　イタリアンパスタの種類

パスタの名は形状を言い表している場合が多い。オレッキエッテは小さな耳，コンキリエは貝殻といった具合だ。史実を意味していることもある。トリポリーニはイタリアが12世紀初頭にリビアで行なった戦争だ。アボッタ・ペッツイエンデ（「アボット家が物乞いに食べ物を与える」）など，社会的な事柄を表すものもある。パスタには，アビッシーニやベンガシーネ（アビシニアとベンガジが由来）など，地名からとった名をもつものもよくある。また，サヴォイア公国のマファルダ王女からとったマファルディーネなど，有名人の名がついたものもある。ディスキ・ヴォランティは，フライパンの名からとったものだ。

また，しっかり定着した名でさえ，レシピや出し方が違えば呼び名が変わる。ローマで臓物を添えて出すフェットゥチーネは，近隣の町ではラーネ・ペロセ（毛羽立った毛糸）となり，これは全粒小麦タイプのパスタがもつ，ふすまの粗い食感を言ったものだ。そしてクリスマス・イヴにハチミツとクルミをかけて食べるものはマッケローニとなる。さらに，言語の違いやパスタを料理に使うときの違いもこれにくわわり，パスタの名や形状や使用法をすべて記録するには一生かかるほどだ。一般に，パスタ製品の形状や大きさ，太さなどによって，同じ仲間だとわかる名がついている。「イニ（ini）」で終わる名は，小型のパスタを言うことが多い。

今日でさえ，手作りのものや工場製のもの，そして世界中のあらゆる形状のパスタを収めた真のパスタリオ，つまりパスタ総覧は存在しない。歴史家のデヴィッド・アレクサンダーは，パスタを，形と，必要に応じて詰め物であるかどうかをもとに分類している。スパゲッティ，筒状パスタ，貝殻型のパスタ，リボン状，ショートパスタ，とても小さい「極小パスタ」，ラヴィオリタイプの詰め物パスタ，ニョッキなど団子型。この8つだ。

●スパゲッティの仲間（太い順に）

ロングパスタはトマトソースやハーブをベースとしたソース，クリームソース，ボロネーゼタイプのミートソースにぴったりだ。

ピーチ（pici）　鉛筆くらいの太さ。トスカーナ州南部，ラツィオ州北部。

ストロッツアプレーティ（strozzapreti）　鉛筆くらいの太さで，ピーチよりも大きさが不揃い。マルケ州。

ストランゴラプレーティ（**strangolapreti**）　ストゥロッツアプレーティの別名。マルケ州，ウンブリア州。

ブカティーニ（**bucatini**）　太いスパゲッティ。ラツィオ州，プーリア州。

リングエ・ディ・パッセロ（**lingue di passero**）「スズメの舌」。リングイーネよりもやや太い。イタリア南部。

リングイーネ（**linguine**）　平たく，幅広のスパゲッティ。カンパニア州。

ペルチャテッリ（**perciatelli**）　太めのスパゲッティ。イタリア中央部。

スパゲッティ（**spaghetti**）　イタリア全土。

ビゴリ／ビゴイ（**bigoli / bigoi**）（「虫」の意）長い手打ちスパゲッティ。ヴェネト州およびマントヴァ県。

カッツァリエーリ（**cazzarieglie**）　マッチの太さのパスタ。モリーゼ州。

トンネリーニ（**tonnellini**）　マッチの太さ。ロマーニャ地方。

スパゲッティーニ（**spaghettini**）　細いスパゲッティ。イタリア全土。

ヴェルミチェッリ（**vermicelli**）　極細のスパゲッティ。ナポリ（カンパニア州），シチリア。

カペッリーニ（**capellini**）　超極細のスパゲッティ。イタリア全土。

フェデリーニ／フィデリーニ（**fedelini / fidelini**）（「忠実な」という意味のフェデーレや，「糸」を意味するフィーロから派生）カペッリーニと同じくらいの細さの，スパゲッティのような棒状パスタ。イタリア南部。

カペッリダンジェロ（**capelli di angelo**）「天使の髪」（またはカペラヴェーネレ「ヴィーナスの髪」）。パスタのなかで一番細い。イタリア南部。

◉筒状パスタ（直径が大きい順に）

筒状パスタはアッラビアータ［トウガラシをきかせたトマトソース］やミートソースに合わせるとぴったりだ。筒状パスタの壁面に筋状の模様があるため，コクのあるソースが均一にからむ。

カネロニ（**cannelloni**）　極太。カンパニア州。

カネッリ（**cannelli**）　太さ1センチ。カンパニア州とイタリア全土。

クロゼッティ（**crosetti**）　セモリナで作ったカネロニ。シチリア。

リガトーニ（**rigatoni**）　太くて短く，筋が入っている。イタリア中央部と南部。

トルティリョーニ（**tortiglioni**）　リガトーニに似ているが，筋がななめに入っている。イタリア全土。

ツィーテ（**ziti**）　リガトーニのイタリア南部版。

ツィトーニ（**zitoni**）　ツィーテを非常に長くしたもの。焼きパスタ料理用。イタリア南部。

カンデーレ（**candele**）　ツィトーニよりやや大型。イタリア南部。

ペンネ・リーシェ（penne liscie）　なめらかで，先端部をななめにカットした筒状パスタ。イタリア全土。

ペンネ・リガーテ（**penne rigate**）　筋状の模様が入った，先端部をななめにカットした筒状パスタ。イタリア全土。

ペンネッテ（pennette）　ペンネよりも筒が細い。イタリア全土。

ペルチャテッリ（**perciatelli**）　ペンネやツィーテのような形状。イタリア南部。

モスタッチョーリ（**mostaccioli**）　ペンネの地方名。ウンブリア州。

マカロニ（**macaroni**）　細い筒状パスタ。シチリアおよびヴェネト州。

マッケローニ（**maccheroni**）　細い筒状パスタ（長い穴あきパスタすべてを言う場合もある）。イタリア中央および南部。

メッツァーニ（**mezzani**）　中型のマッケローニで長さはさまざま。イタリア全土。

ゴミティ（**gomiti**）「ひじ」型のパスタ。イタリア全土。

フリッツゥレ（**frizzule**）　バシリカータ州のマッケローニ。

マケロンチーニ（**maccheroncini**）　小型の筒状パスタ。エミリア＝ロマーニャ州その他。

グラミーニャ（**gramigna**）（「雑草」の意）極細の筒状パスタ。エミリア＝ロマーニャ州。

◉貝殻型のパスタ

カヴァテッリ（**cavatelli**）　指の先で押してくぼみをつける。イタリア南部。

チョチョレ（**chiocciole**）　貝殻型のパスタ。イタリア全土。

コンキリエ（**conchiglie**）　貝殻。イタリア全土。

コンキリオーニ（**conchiglioni**）　大型の貝殻。イタリア南部。

コルツェッティ（**corzetti**）「8の字型」のパスタ。ジェノヴァ共和国でかつて使われたコイン型のものもある。リグーリア州。

マニコッティ（**manicotti**）　大型の貝殻。ナポリ（カンパニア州）。

オレッキエッテ（**orecchiette**）「小さな耳」。プーリア州。

レッケティエッレ（**recchetielle**）　オレッキエッテの地方名。カンポバッソ（モリーゼ州）。

レキエッレ（**rechielle**）　オレッキエッテの地方名。ナポリ（カンパニア州）。

レキエテッレ（**rechietelle**） オレッキエッテの地方名。ナポリ（カンパニア州）。

◉リボン状パスタの仲間

平たいリボン状パスタは，カルボナーラやアルフレードといったクリームソースとよくからむ。

バソッティ（**bassotti**） エッグパスタで，髪のように細いタリエリーニ。ロマーニャ地方。

バベッテ（**bavette**） フェットゥチーネの仲間。リグーリア州。

クリオーリ（**crioli**） パスタ・アッラ・キタッラの地方名。モリーゼ州。

フェットゥチーネ（**fettuccine**） 0.5センチより幅広のひも状。イタリア中央部（ウンブリア，ラツィオ，アブルッツォ，モリーゼ州）。

ガルガネッリ（**garganelli**） ベッティネ（本来は機織り機の部品）の溝に押し付けて作る。カステル・ボロネーゼ（ロマーニャ地方）。

ラガーネ（**lagane**） 1センチ幅のひも状。バシリカータ州。

ラザーニャ（**lasagne**） 8～10センチ幅のパスタ。エミリア＝ロマーニャ州（エッグパスタ），カンパニア州，カラブリア州，プーリア州。

ラザーニャ・フェストナーテ（**lasagne festonate**） へりがカールしたラザーニャ（ラザーニャ・リッセ，「カールしたラザーニャ」またはレジネッレともいう）。

ラザニエッテ（**lasagnette**） 小型のラザーニャ。

ラザニョーレ（**lasagnole**） トスカーナ地方のラザーニャ。フィレンツェ。

マファルディーネ（**Mafaldine**） 両側のへりが波打つ形の薄いロングパスタ。イタリア南部。

ナストリーニ（**nastroni**） 大型のタリアテッレ。タリオリーニのフィレンツェおよびトスカーナ州一部地域の呼称。ボローニャ（ロマーニャ地方）。

パリア・エ・フィエノ（**paglia e fieno**） 「藁と草」。卵とホウレンソウのフェットゥチーネ。トスカーナとボローニャにかかるアペニン山脈一帯とリグーリア州。

パッパルデッレ（**pappardelle**） 幅が1.5センチ以上ある，不揃いのロングパスタ。シエナ，アレッツォ（トスカーナ州南部）。

◉ショートパスタの仲間

カンノリッキ（**cannolicchi**） ショートパスタ。ロンバルディア州北部，トレンティーノ＝アルト・アディジェ州。

エーリケ（**eliche**）　大型のらせん状パスタ。カンパニア州。

ファルファッレ（**farfalle**）　蝶々や蝶ネクタイの形。イタリア全土。

ファルファリーネ（**farfalline**）　小型のファルファッレ（ファルファレッテともいう）。イタリア全土（大型のファルファッレはファルファッローニ farfalloni）。

フラスカティエッレ（**frascatielle**）　不規則な形状。

ジェメッリ（**gemelli**）　2枚合わせてひねったパスタ。カンパニア州。

インカンヌラーテ（**incannulate**）　らせん状。プーリア州。

マルタリアーティ（**maltagliati**）　エッグパスタを延ばして三角形などに切ったもの。エミリア＝ロマーニャ州。

パッケ（**pacche**）　タッコーニを参照。モリーゼ州。

パッコッツェ（**paccozze**）　ひし形。イタリア北東部。

パンタチェッレ（**pantaccelle**）　ひし形。イタリア北東部。

クアドゥルッチ／クアドゥレッティ（**quadrucci / quadretti**）　四角いエッグパスタ。エミリア＝ロマーニャ州。

リッチ・ディ・ドンナ（**ricci di donna**）「婦人の巻き髪」。カラブリア州。

ロゼリーネ（**roselline**）　バラをかたどったパスタ。ロマーニャ地方。

ストゥリケッティ（**stricchetti**）　エッグパスタで蝶々あるいは蝶ネクタイの形。エミリア＝ロマーニャ州。

ストゥリケットーニ（**stricchettoni**）　大型のストゥリケッティ。ロマーニャ地方。

ストゥリンゲッティ（**stringhetti**）　ストゥリケッティを，中心でつままずになナめに切ったもの。ロマーニャ地方中央部。

タッコーニ（**tacconi**）　掌ほども大きいひし形のパスタ。アブルッツォ州およびモリーゼ州。

タコッツェッレ（**taccozzelle**）　小さなひし形。モリーゼ州。

トンダレッリ（**tondarelli**）　小さく円形に切ったエッグパスタ。アブルッツォ州。

トゥロフィエ（**trofie**）　らせんにひねったショートパスタ。リグーリア州。

トゥルチニアテッディ（**turciniateddi**）　シチリアのフジッリ（フジッディ）。

●極小パスタの仲間

アネッリ（**anelli**）　小さなリング状（アネッリーニ anellini は小さな輪の意）。イタリア全土。

カンノリッキ（**cannulicchi**）　シチリアのディターリ。

ディターリ（**ditali**）（「指ぬき」の意）小型の短い筒状パスタ。ディタリーニ（di-

talini さらに小型），ディターリ・リガティ（ditali rigati 溝付き）もある。イタリア南部。

ルマキーネ（lumachine） ディターリの曲がったタイプ。

マルファッティーニ（malfattini） 粒状のパスタ。エミリア＝ロマーニャ州。

マルゲリーテ（margherite） 小さな「ひな菊」。イタリア全土。

パスティナ（pastina） 小さなパスタ。イタリア全土。

ペーペ・ブカート（pepe bucato） 真ん中に細い穴が開いた，小さな筒状パスタ。イタリア全土。

ペルリーネ（perline） 小さな貝殻。イタリア全土。

クアドルッチ（quadrucci） 小さな四角のパスタ。イタリア全土。

セミーニ（semini） 「小さな種」（セミ・ディ・メローネ「メロンの種」，セミ・ディ・チコリーア「チコリの種」とも）。イタリア全土。

ソルプレジーネ（sorpresine） 「思いもよらない小ささ」。イタリア全土。

ステッレッテ（stellette） 「小さな星」。ステッリーネともいう。イタリア全土。

◉ラヴィオリ（詰め物パスタ）の仲間

［袋型］

アニョロッティ（agnolotti） 小さな「袋」型パスタで，ラヴィオリよりも大きい。ヴァッレ・ダオスタ州およびピエモンテ州，エミリア地方北部。

ボンベ（bombe） チーズを詰めたラヴィオリの古い呼び名。ボローニャ（ロマーニャ地方）。

ボンボッリーネ（bombolline） 小さな「ボンベ」（古い呼び名）。ボローニャ（ロマーニャ地方）。

カラメッレ（caramelle） （トルテッリ・コン・ラ・コーダ，「しっぽ付きのトルテッリ」，方言ではトゥルテイ・ク・ラ・クア［turtei cu la cua］とも）お菓子を紙で包んで端をねじったような形のトルテッリ。エミリア＝ロマーニャ州。

チェンティラヴィオリーニ（centiraviolini） 小さなラヴィオリ。リグーリア州，ロンバルディア州，エミリア＝ロマーニャ州。

クレスペッレ（crespelle） 詰め物エッグパスタ。モリーゼ州（フィレンツェでは，この名がクレープにも使われる）。

クリンジョーニス（culingiones） （クルルジョーネス culurzones とも）ホウレンソウとチーズを詰めたラヴィオリ。サルディーニャ州。

クッツェティエッレ（cuzzetielle） ラヴィオリ。モリーゼ州。

ライアネッレ（**laianelle**） ラヴィオリ。モリーゼ州。

ラヴィオリ（**ravioli**） 「袋」型の詰め物パスタ。リグーリア州，ロンバルディア州，エミリア＝ロマーニャ州（発祥はジェノヴァ）。

シャット（**sciatt**） チーズを詰めたパスタ。ヴァルテッリーナ地方。

トルテッリ（**tortelli**） 「袋」型のラヴィオリ。エミリア＝ロマーニャ州。

トルテッリ・ディ・エルベッタ（**tortelli d'erbette**） 四角で，青菜やリコッタチーズを詰めたパスタ。

トルテッリ・ディ・パタータ（**tortelli di patata**） 四角で，マッシュポテトを詰めたパスタ。トスカーナとボローニャにかかるアペニン山脈一帯。

トルテッリ・ディ・ズッカ（**tortelli di zucca**） カボチャを詰めた大型のラヴィオリ。マントヴァ県（ロンバルディア州）。

トルテッローニ（**tortelloni**） 大型のトルテッリ。チーズを詰めるのが一般的。エミリア＝ロマーニャ州。

トゥルテルン（**türteln**） ホウレンソウ，キャベツかザワークラウトを詰めたラヴィオリ。ドロミーティ。

[円型]

アニョリーニ（**agnolini**） マントヴァ県のアノリーニ。

アノリーニ・ディ・パルマ／アノレン（**anolini di Parma / anolen**） 小さな円型または半月。パルマ。

アノリーニ・ディ・ピアチェンツァ／アンヴェイン（**anolini di Piacenza / anvein**） 円型のラヴィオリ。ピアチェンツァ（エミリア＝ロマーニャ州），ロンバルディア州。

クレッシオーニ（**crescioni**） 円型のトルテッリでホウレンソウを詰めたもの。エミリア＝ロマーニャ州。

マルベイ（**marubei**） ソーセージを詰めたアノリーニで，端にしわを寄せてカットしたパスタ。ピアチェンツァ。

マルビーニ（**marubini**） クレモナ（ロンバルディア州）のアノリーニ。

パンソーティ（**pansôti**） 「太鼓腹」。ホウレンソウとチーズを詰めたもの。リグーリア州東部。

パンツァロッティ（**panzarotti**） 「はじけた腹」。モッツァレラチーズを詰めたパスタ。プーリア州。

[半円型]

アノリーニ・ディ・パルマ（**anolini di Parma**） 半円型の折りたたんだラヴィオリ。パルマ（エミリア地方――「円型」を参照）。

カゾンセイ（**casonsei**） 三日月型の詰め物パスタ。ロンバルディア州のブレシャおよびベルガモ。

カズンツィエイ（**casunziei**） ドロミーティのカゾンセイ（カゾンツィエイ casonziei とも）。

[しわを寄せたもの，結んだもの]

カッペッラッチ（**cappellacci**）「古い帽子」。カボチャを詰めたパスタ。エミリア＝ロマーニャ州。

カッペッレッティ・ディ・ロマーニャ（**cappelletti di Romagna**）（オレッキオーニ orecchioni「大きな耳」とも）丸く切り抜いた生地から帽子の形にする。ロマーニャ地方（ファエンツァ，フォルリ，リミニ，ラヴェンナには特有のタイプがある）。

カッペッリーニ（**cappellini**） カッペッレッティを参照。

ストゥリケッティ（**strichetti**） トルテッリーニの地方名。ボローニャ（ロマーニャ地方）。

トルテッリーニ（**tortellini**） エッグパスタ。詰め物をし，折りたたんで両端を合わせたパスタ。ボローニャ（ロマーニャ地方）。

●団子状パスタ（パスタもどき）の仲間

カネーデルリ（**canèderli**）（クネーデル）ニョッコ・サイズのゆでた団子状パスタ。トレンティーノ地域（トレンティーノ＝アルト・アディジェ州）。

ニョッケッティ・ディ・パタータ（**gnocchetti di patata**） 小さなニョッキ。ローマ。

ニョッケッティ・サルディ（**gnocchetti sardi**） 小型のニョッキ。形がより一定。サルディーニャ州。

ニョッキ・ディ・パタータ（**gnocchi di patata**） 銃弾サイズのポテトパスタ（チッケ［cicche］，「砂糖菓子」ともいう）。ピエモンテ州，ヴェネト州，ローマ。

ニョッキ・ディ・ポレンタ（**gnocchi di polenta**） トウモロコシの粉で作った小さな円型パスタ。トスカーナ地方。

ニョッキ・ディ・セモリーノ（**gnocchi di semolino**） セモリナ粉で作った小さな円型パスタ。フリウリ＝ヴェネツィア・ジュリア州。

ニョッキ・ニュディ（**gnocchi gnudi**） ラヴィオリ・ヴェルディと同じ。トスカーナ地方。

マッロレッドゥス（**malloreddus**） 小麦粉とチーズにサフランを使ったニョッキ。サルディーニャ州（島の一部ではマッカローネス・カイドスともいわれる）。

ピリャス（**pillas**） セモリナ粉のニョッキ。サルディーニャ州。

ラヴィオリ・ヴェルディ（ravioli verdi） リコッタチーズとホウレンソウを詰めた団子状パスタ。トスカーナ地方。

スクリペッレ（schripellei） クレープ状に焼いたパスタ（バジリカータ州ではスキルペッレやスキルペッデともいわれる）。イタリア南部。

トンナレッリ（tonnarelli） 厚みと幅が同じ，断面が正方形のパスタ。イタリア北東部。

レシピ集

◉ハーブを使ったラヴィオリ

パスタ料理のレシピが初めて掲載されたのは14世紀の料理書で，ハーブを使ったラヴィオリの作り方を紹介するものだった。

1. ハーブを数枚摘み，汚れを洗い落とす。ハーブをさっとゆでたら湯から出し，よくしぼってナイフで切り，すり鉢ですりつぶす。
2. 新鮮なチーズとサワーチーズ，卵，ぴりっとする香辛料とサルタナ（干しブドウの一種）を用意し，よく混ぜ合わせて，ペーストを作る。
3. それを薄いスフォリャ［パイ生地］にして，小さく分けてラヴィオリを作る。
4. できたらゆで，ゆであがったら，たっぷりと香辛料をふり，良質なチーズとバターをのせる。非常に美味だ。

◉トマス・ジェファーソンのマカロニ・レシピ

このレシピは，トマス・ジェファーソン関連書類のコレクション（ワシントンDC の国会図書館収蔵）にあるものだ。レシピの由来は不明だが，このレシピはジェファーソンの手書きである（以下のレシピは改変したもの）。

卵…6個（卵白，卵黄もすべて使用）
牛乳…ワイングラス2杯
小麦粉…約900*g*
塩…少々

1. 水をくわえず材料をしっかり混ぜる。
2. 麺棒で，紙の薄さまで延ばす。
3. 小さく切り分け，それぞれを今度は手で細い棒状に延ばし，適当な長さに切り分ける。
4. 熱湯で15分ゆでる。
5. 湯を切って，できたマカロニを盛りつける。
6. スープにする場合は，熱湯でゆでずにスープで煮る。

◉フェットゥチーネ・アルフレード

多くの人が，パスタはソースで決まると考えている。アルフレード・ソースをひと口味わっただけで，気むずかし屋が大勢パスタ好きになった。

（4人分）
バター…大さじ8
ダブルクリーム…240*ml*

生のフェットゥチーネ・パスタ…455*g*
おろしたてのパルミジャーノ・レッジャーノチーズ…80*g*(カップ1)と，トッピング用に少量
挽きたてのコショウ
塩（味をととのえるためのもの）
挽きたてのナツメグ
きざみパセリ（飾り用）

1. 大きな鍋に水（およそ5.7リットル）と塩（大さじ1）を入れて沸騰させる。
2. その間に，ソテーパンでバターを弱火で溶かし，クリームをくわえて熱する。煮立たせないこと。
3. 生パスタを2～4分ゆでる（乾燥パスタの場合はゆで時間を長くする)。
4. パスタを湯切りし，ゆでた湯を30*ml*ほどとっておく。
5. とっておいた湯をバターとクリームにくわえ，かき混ぜる。弱火で行なうこと。
6. クリームとバターにゆでたパスタをくわえ，チーズも足して，ソテーパンをゆすりながらソースにコクを出す。
7. コショウ，塩，ナツメグで味をととのえる。
8. できたらすぐに，トッピング用のチーズをふりかけて出す。

………………………………………………

◉ソフィア・ローレンのスパゲッティ用レシピ（現代のパスタ料理の礎）

(4人分)
オリーブオイル…大さじ6
ニンニク（つぶしたもの）…2片
むきトマトの缶詰…450*g*
(または新鮮なむきトマトの裏ごし…500*g*)
生のバジル，きざんだもの…大さじ1
(または乾燥バジルをきざんだもの…小さじ1)
砂糖…小さじ1
塩（味をととのえるためのもの）
スパゲッティ（ゆでたもの）…450*g*
おろしたパルメザンチーズ

1. オリーブオイルをスキレット［厚手の鉄製フライパン］で温め，熱くなったらニンニクを入れ火を通す。
2. これにトマト，バジル，砂糖と塩をくわえ，よくかき混ぜる。
3. 火を弱くし，30分ほど，ときどきかき混ぜながらコトコト煮る。
4. パスタをゆでるため，5.7リットルの湯を沸かす。鍋は，湯にパスタを投じたときに底から5分の4程度でおさまり，あふれないものを用意する（ソフィア・ローレンは，4人分の夕食用パスタを450*g*としている)。
5. 湯が沸いたら大さじ2杯の塩をくわえ，湯の温度が下がらないように，スパゲッティを一度に少量ずつ入れる。
6. ゆでているときはかき混ぜ，鍋の底にパスタが張りつかないよう気をつける。
7. パスタは，歯に芯を感じるくらいの

アルデンテの状態で出す。ふやけさせないこと（ソフィア・ローレンは，「パスタをゆですぎないこと」と念を押している）。

8. ゆであがったらざるに上げ，湯切りする。
9. スパゲッティを大皿に盛りつけ，ソースをかけて，おろしたパルメザンチーズを最低大さじ山盛り4杯はふりかける。よく混ぜて出す。好みでチーズを足せるように，チーズを入れたボウルをテーブルに用意する。

◉レーズンとアーモンドを使った甘いルーマニア風ヌードル（カタイフ）

（4人分）
卵不使用のパスタ…455*g*
水…3.6リットル（カップ12）
メープルシロップ…350*g*（カップ1）
挽いたクルミ…55*g*（カップ½）
（または挽いたケシの実…40*g*（カップ⅓）
レモンの皮（細かくきざむ）…小さじ½
レーズン…263*g*（カップ1½）
粉末クローブ…小さじ½
シナモン…小さじ1

1. 容量5.7リットルの鍋で湯を沸かす。
2. 湯が沸騰したらパスタを入れてゆで，ざるに上げる。
3. メープルシロップとクルミまたはケシの実を大型のフライパンで，中火で2分間熱する。
4. レモンの皮，レーズン，粉末クローブ，シナモンをくわえる。
5. さらに3分熱してから，ゆでたパスタをくわえる。
6. よく合わせて，温かいうちに出す。
7. できたパスタを耐熱皿に移し，180℃のオーブンで20分焼いてから出してもよい。

◉シンガポール風麺

（ふたり分）
ピーナツオイル…大さじ2
おろしたてのショウガ…大さじ1
赤トウガラシ（種をとり細かくきざむ）…1本
生のシイタケ（薄くスライス）…5個
ターメリックパウダー…大さじ2
スモークベーコンの角切り…100*g*
赤ピーマン（種をとりスライス（…1個
人参の千切り…ひとつかみ
豆苗…ひとつかみ
ゆでた鶏胸肉（細かく裂く）…100*g*
米粉の麺（あらかじめ熱湯に10分浸してざるに上げておく）…255*g*
つぶした乾燥チリ…小さじ1
薄口醤油…大さじ2
オイスターソース…大さじ2
米酢かビネガー…大さじ1
溶き卵…1個

熱したゴマ油…少量
スプリングオニオン（緑の部分。長めに切る）…2本

1. ピーナツオイルを中華鍋で熱し，ショウガ，トウガラシ，シイタケ，ターメリックをかき混ぜながらさっと炒める。
2. ベーコンをくわえ，1分弱炒める。
3. 赤ピーマン，人参，豆苗をくわえて，さらに1分ほど炒める。
4. 鶏胸肉をくわえ，よくかき混ぜる。
5. 麺を入れ，2分ほどよくかき混ぜながら炒める。
6. チリ，醬油，オイスターソース，酢で味をととのえ，よくかき混ぜ味をなじませる。
7. 溶き卵をくわえ，1分弱そっと混ぜて火を通す。
8. ゴマ油で味をととのえ，スプリングオニオンを飾って温かいうちに出す。

……………………………………………

◉担担麵

（ふたり分）
うどん，または上海風麵（粗麵）…225*g*
ピーナツオイル…大さじ2
豚挽き肉…340*g*
シーソルト（コーシャソルト［ユダヤ教の食事規定に従った塩］）と挽きたてのブラックペッパー
新鮮なショウガ（細かくきざむ）…大さじ2
チキンスープ…150*ml*（カップ¾）
チリオイル…大さじ2（これより少なくても可）
レッドワインビネガー…大さじ2
醬油…大さじ2
タヒニ（ゴマのペースト）…小さじ4
カホクザンショウ…小さじ1
砂糖ひとつまみ
炒ったピーナツ（きざむ）…大さじ2
スプリングオニオン（細くスライス）…大さじ2

1. 大型の鍋に湯を沸かし，麵を入れて適度なやわらかさにゆでる。
2. 湯切りをして冷水を張った大きなボウルに移し，冷たくなるまでおく。
3. しっかり水を切って，ボウル2個に分ける。
4. 中型のスキレットで，ピーナツオイルを中火で熱する。
5. 豚挽き肉，塩，コショウを入れてかき混ぜ，スプーンで挽き肉をほぐし，半分ほど熱が通るまで2分程度炒める。
6. ショウガをくわえ，豚挽き肉に火が通って軽く色づくまで，2分ほど炒める。
7. チキンスープとそれ以下の6つの材料をくわえてかき混ぜ，7分ほどスープを煮つめる。
8. 煮つまったら，これを麵にかけ，ピーナツとスプリングオニオンを飾る。

……………………………………………

◉セミヤ・ウップマ

私の母のレシピ。この「おふくろの味」を味わったことのある人はだれもが好きになった。手軽に作れておいしく，お母さんなら子供に作ってあげるべき一品だ。ウップマはインド南部の家庭では人気の朝食や軽食で，ラヴァ（小麦粉やデュラム・セモリナ粉のこと）かヴェルミチェッリで作る。

（ふたり分）
生のカシューナッツ…35g（カップ¼）
ヴェルミチェッリ（太さは好みで。折る）…225g（カップ1）
ゴマまたはピーナツ，野菜，ココナッツのオイル…大さじ1
ブラックまたはブラウンマスタードシード…小さじ1
カレーリーフ（生でも乾燥させたものでもよい。たいていのアジア食料品店で購入できる。好みで）…6～8枚
黄または赤タマネギ（角切り）…小1個
人参（皮をむいて角切り）…中1本
エンドウ豆（生でも冷凍でも可）…75g（カップ½）
タイ産セラーノまたはカイエン・チリ（青トウガラシ，赤トウガラシ）（柄をとってきざむ）…1～2本
塩（味をととのえるためのもの）
湯…675ml（カップ3）
レモン汁…中1個分
ギー（無塩バターを沸騰させて水分をとりのぞいた澄ましバター）

1. 小型のソテーパンを中火にかけ，カシューナッツをきつね色になるまで炒る。火からおろして冷ます。
2. 容量5.7リットルのソテーパンを中火よりやや強めの火にかけて，ヴェルミチェッリを焦げないようにかき混ぜながら炒る。きつね色になるまで，4分半ほどかける。しっかり炒っておかないとウップマがふやける。
3. ヴェルミチェッリを皿にあけ，ソテーパンをきれいにぬぐう。
4. ソテーパンでオイルを熱し，マスタードシードをくわえてパチパチいうまで，30秒ほど熱する。
5. カレーリーフ，タマネギ，人参，エンドウ豆，グリーンチリをくわえる。
6. ときどきかき混ぜながら，タマネギが透明になるか軽く色づくまで2～3分炒める。
7. 炒ったヴェルミチェッリをくわえてよく混ぜ，そこにゆっくりと湯を注ぐ。注ぎはじめは湯がはねることが多いので，気をつけること。
8. よく混ぜ，塩で味をととのえる。
9. 弱火にして，ふたをせずにときどきかき混ぜながら，水分を全部吸ってしまうまで煮る。
10. 火を止め，レモン汁をくわえよく混ぜカシューナッツを飾ったら，覆いをして10分おき，水分を残らず吸わせ，風味と食感も増すようにする。
11. ギー（澄ましバター）を少々かけてすぐに出す。

注

序章　パスタとは何か

(1)　Alan Davidson, 'Pasta', in *The Oxford Companion to Food*, ed. Alan Davidson (Oxford, 1999), pp. 580-84.
(2)　Anna Del Conte, *Portrait of Pasta* (London, 1976).
(3)　Franco La Cecla, *Pasta and Pizza* (Chicago, 2007), pp. 5-13.
(4)　Russell Carl Hoseney, 'Pasta and Noodles', in *Principles of Cereal Science and Technology*, American Association of Cereal Chemists (St Paul, MN, 1990), pp. 277-91.

第１章　パスタの起源――神話と伝説

(1)　Eva Agnesi, *E tempo di pasta* [It's pasta time] (includes writings of Vincenzo Agnesi) (Rome, 1998).
(2)　Alan Davidson, 'Pasta', in *The Oxford Companion to Food*, ed. Alan Davidson (Oxford, 1999), pp. 580-84.
(3)　Alberto Capatti, *Italian Cuisine: A Cultural History* (New York, 2003), pp. 51-63.
(4)　Charles Perry, 'The Oldest Mediterranean Noodle: A Cautionary Tale', *Petits Propos Culinaires* (1981), pp. 42-5.
(5)　Carlo Valli, *Pasta nostra quotidiana: Viaggio intorno alla pasta* [Our Daily Pasta: Journeying around Pasta] (Padua, 1991).
(6)　Charles Perry, *The Oldest Mediterranean Noodle: A Cautionary Tale* (Devon, 1981), pp. 42-5.
(7)　Charles Perry, 'What was Tracta?', *Petits Propos Culinaires*, XII (Devon, 1982), pp. 37-9.
(8)　Clifford A Wright, 'The Discovery and Dispersal of Hard Wheat (*Triticum durum*) and its Inventions: Pasta and Couscous and their Varieties in Tunisia', paper delivered at the Sixth Oldways International Symposium, *Tunisia: The Splendors and Traditions of its Cuisines and Culture* (Djerba, Sousse and Tunis, 4 December-10 December 1993).
(9)　Franco La Cecla, *Pasta and Pizza* (Chicago, 2007), pp. 13-18.
(10)　Silvano Serventi and Françoise Sabban, *Pasta: The Story of a Universal Food*, trans.

Antony Shugaar (New York, 2002) , p. 47.
(11) Ibid., p. 259.
(12) Ilaria Gozzini Giacosa. *A Taste of Ancient Rome* (Chicago, 1992), pp. 135-6.
(13) Agnesi, *E tempo di pasta*.
(14) Anna Del Conte, *Portrait of Pasta* (London, 1976), pp. 24-5.
(15) Luisa Del Giudice, 'Mountains of Cheese and Rivers of Wine: Paesi di Cuccagna and other Gastronomic Utopias', in *Imagined States: National Identity, Utopia, and Longing in Oral Cultures*, ed. Luisa Del Giudice and Gerald Porter (Logan, UT, 2001).
(16) Maguelonne Toussaint-Samat, *A History of Food* (New York, 2008).
(17) Silvano Serventi and Françoise Sabban, *Pasta: The Story of a Universal Food*, trans. Antony Shugaar (New York, 2002), p. 191.
(18) *The U.S. Pasta Market: A Business Information Report* (Commack, NY, 1991).
(19) U.S. Department of Agriculture, Nutrition Monitoring Division, *Composition of Foods: Cereal Grains and Pasta: Raw, Processed, Prepared* (Washington, dc, 1989).
(20) 'What is Pasta?' booklet, Borden, Inc., 1994.
(21) Yeshajahu Pomeranz, *Wheat is Unique: Structure, Composition, End-Use Properties, and Products* (St Paul, MN, 1989).

第2章　パスタの原料

(1) Bienvenido Juliano and J. Sakurai, 'Miscellaneous Rice Products', in *Rice: Chemistry and Technology* (St Paul, MN, 1985), pp. 569-612.
(2) Codex Alimentarius Commission, *Codex STAN 249: Codex Standard for Instant Noodles*, available at www.codexalimentarius.net.
(3) James E. Kruger, Robert B. Matsuo and Joel W. Dick, *Pasta and Noodle Technology* (St Paul, MN, 1996).
(4) Joel W. Dick and Robert B. Matsuo, 'Durum Wheat and Pasta Products', in *Wheat: Chemistry and Technology*, ed. Yeshajahu Pomeranz (St Paul, MN, 1988), vol. II, pp. 523-795.
(5) Reay Tannahill, *Food in History* (New York, 1995).
(6) Russell Carl Hoseney, 'Wet Milling', in *Principles of Cereal Science and Technology* (St Paul, MN, 1990), pp. 153-65.
(7) Russell Carl Hoseney, 'Pasta and Noodles', in *Principles of Cereal Science and Technology* (St Paul, MN, 1990), pp. 277-91.

第3章　パスタ作り

(1) Eva Agnesi, *E tempo di pasta* [It's pasta time] (includes writings of Vincenzo Agnesi), Museo Nazionale delle Paste Alimentari (Rome, 1998).
(2) James E. Kruger, Robert B. Matsuo and Joel W. Dick, *Pasta and Noodle Technology* (St Paul, MN, 1996), pp. 95-132.
(3) David Alexander, 'The Geography of Italian Pasta', *Professional Geographer*, LII/3 (2000), pp. 553-66.
(4) David Knechtges, 'A Literary Feast', *Journal of the American Oriental Society*, CVI/1 (January-March 1986), pp. 49-63.
(5) Kruger et al., *Pasta and Noodle Technology*, pp. 10-11.
(6) Maria Orsini Natale, *Francesca e Nunziata* (Rome, 1995), p. 338.
(7) See Giuliano Bugialli, *Bugialli on Pasta* (New York, 1988).
(8) Jean-Baptiste (Père) Labat, *Nouveau voyage aux îles de l'Amerique* (aka Voyage) (1722), vol. II, pp. 40-41.
(9) Russell Carl Hoseney, 'Pasta and Noodles', in *Principles of Cereal Science and Technology* (St Paul, MN, 1990), pp. 277-91.
(10) Kruger et al., *Pasta and Noodle Technology*, pp. 95-132.
(11) Yeshajahu Pomeranz, *Wheat Chemistry and Technology*, vol. I (St Paul, MN, 1988).
(12) Ibid.

第4章　パスタの調理法

(1) Fred Plotkin, *The Authentic Pasta Book* (New York, 1985), p. 80.
(2) Pellegrino Artusi, *La scienza in cucina e l'arte di mangiar bene* (Florence, 1891; reprint 1995).
(3) Ippolito Cavalcanti, *La Cucina teorico-pratica*, 5th edn (Naples, 1847; reprint 1986), as quoted in Silvano Serventi and Françoise Sabban, *Pasta: The Story of a Universal Food*, trans. Antony Shugaar (New York, 2002), p. 192.
(4) Eva Agnesi, *E tempo di pasta* [It's pasta time] (includes writings of Vincenzo Agnesi), Museo Nazionale delle Paste Alimentari (Rome, 1998).
(5) Alberto Capatti, *Italian Cuisine: A Cultural History* (New York, 2003), p. 74.
(6) Franco La Cecla, *Pasta and Pizza* (Chicago, 2007), p. 19.
(7) Anna Del Conte, *Portrait of Pasta* (London, 1976), p. 59.

(8) Carlo G. Valli, *Pasta: A Journey through Italy in the Company of Master Chefs* (Rome, 2005), p. 89.

第5章　現代のパスタ

(1) Thomas Jefferson, 'Maccaroni Recipe and Press Design', Thomas Jefferson Papers series 1, General Correspondence: 1651-1827, http://goo.gl/v9hvn8.
(2) Clifford A. Wright, *Lasagne* (Boston, 1995), p. 6.
(3) Giuseppe Fabriani and Claudia Lintas, *Durum Chemistry and Technology* (St Paul, MN, 1988), pp. 10-14.
(4) David Alexander, 'The Geography of Italian Pasta', *Professional Geographer*, LII/3 (2000), pp. 553-66.
(5) Fabriani and Lintas, *Durum Chemistry and Technology*, p. 47.
(6) James E. Kruger, Robert B. Matsuo and Joel W. Dick, *Pasta and Noodle Technology* (St Paul, MN, 1996).
(7) Loretta Baldassar and Ros Pesman, *From Paesani to Global Italians: Veneto Migrants in Australia* (Crawley, Western Australia, 2005).
(8) Jeni Wright, *The Cook's Encyclopedia of Pasta* (London, 2003).
(9) Ljubomir Milatović and Gianni Mondelli, *Pasta Technology Today* (Pinerolo, 1991), p. 62.
(10) Mary Ellen Snodgrass, 'Pasta', in *Encyclopedia of Kitchen History* (Bingley, 2005), pp. 447-50.
(11) Yeshajahu Pomeranz and Lars Munck, *Cereals: A Renewable Resource: Theory and Practice* (St Paul, MN, 1981).

第6章　麵

(1) Li Fang et al., 'Gansusheng Minlexian Donghuishan xinshiqui yizhi gunongye xinfaxian (Neodiscovery of the Ancient Remains of Agriculture in the Neolithic Site of Dong-hui Hill at Min-luo County in Gansu)', *Nongye Kaogu*, I/56-69 (1989); Zhao Zhijun, 'Eastward Spread of Wheat into China - New Data and New Issues', *Chinese Archeology*, IX (2009), pp. 1-9.
(2) Cho-Yun Hsu, *Han Agriculture: The Formation of Early Chinese Agrarian Economy* (206 BC-AD 220), ed. Jack L. Dull (Seattle, WA, 1980).
(3) Françoise Sabban, *Court Cuisine in Fourteenth-century Imperial China: Some Culinary Aspects of Hu sihui's Yinshan Zhengyao Food and Foodways: Explorations*

in the History and Culture of Human Nourishment, I/1-2 (1985), pp. 161-97.

(4) Silvano Serventi and Françoise Sabban, *Pasta: The Story of a Universal Food*, trans. Antony Shugaar (New York, 2002).

(5) David Knechtges, 'A Literary Feast', *Journal of the American Oriental Society*, CVI/1 (January-March 1986), pp. 49-63.

(6) Jean Bottéro and Teresa Lavender Fagan, *The Oldest Cuisine in the World: Cooking in Mesopotamia* (Chicago, 2004).

(7) Tan Hong-Zhuo, Lib Zai-Gui and Tan Bin, 'Starch Noodles: History, Classification, Materials, Processing, Structure, Nutrition, Quality Evaluating and Improving', *Food Research International*, XXXVII (2009), pp. 551-76.

(8) Gary G. Hou, *Asian Noodles: Science, Technology, and Processing* (Hoboken, NJ, 2010), p. 385.

(9) James E. Kruger, Robert B. Matsuo and Joel W. Dick, *Pasta and Noodle Technology* (St Paul, MN, 1996).

(10) Hong-Zhuo et al., 'Starch Noodles', pp. 551-76.

(11) *Codex Alimentarius Commission, Codex STAN 249: Codex Standard for Instant Noodles*, available at www.codexalimentarius.net.

(12) 'Japan Votes Noodle the Tops', BBC News, 12 December 2000, http://news.bbc.co.uk.

(13) F.C.F. Galvez et al., 'Process Variables, Gelatinized Starch and Moisture Effects on Physical Properties of Mungbean Noodles', *Journal of Food Science*, LIX/2 (1994), pp. 378-86.

(14) Zhan-Hui Lu and Lillia S. Collado, 'Rice and Starch-based Noodles', in *Asian Noodles: Science, Technology, and Processing* (Hoboken, NJ, 2010).

(15) Hong-Zhuo et al., 'Starch Noodles', pp. 551-76.

(16) Bienvenido Juliano and J. Sakurai, 'Miscellaneous Rice Products', in *Rice: Chemistry and Technology* (St Paul, MN, 1985), pp. 569-612.

(17) X. Wang, *One Hundred Varieties of Noodles*, trans. Sidi Huang (Guangzhou, 1987).

(18) Michael Wootton and Ron B. H. Wills, 'Correlations between Objective Quality Parameters and Korean Sensory Perceptions of Dry Salted Wheat Noodles', *International Journal of Food Properties*, II/1 (1999), pp 55-61.

(19) Ying-Shih Yu, 'Han', in *Food in Chinese Culture*, ed. K. C. Chang (New Haven, CT, 1977).

(20) Bin Xiao Fu, 'Asian Noodles: History, Classification, Raw Materials, and Processing, Food Research International', XLI/9 (November 2008), pp. 888-902.

(21) Hong-Zhuo et al., 'Starch Noodles', pp. 551-76.

カンタ・シェルク（Kantha Shelke）
食品科学、栄養学、食品法、料理史について学び、執筆し、また指導も行う。合衆国メリーランド州ボルティモアのジョンズ・ホプキンス大学およびオーストリアのマネジメントセンター・インスブルックで非常勤、客員講師を務める。『オックフォード アメリカの飲食文化百科事典 *Oxford Encyclopedia of Food and Drink in America*』では数章の執筆を担当した。

龍 和子（りゅう・かずこ）
翻訳家。北九州市立大学外国語学部卒。訳書に、ジャック・ロウ『フォトメモワール ケネディ回想録』、レニー・マートン『「食」の図書館 コメの歴史』（以上、原書房）などがある。

「食《しょく》」の図書館《としょかん》

パスタと麺の歴史《れきし》

●

2017年1月24日　第1刷

著者……………カンタ・シェルク

訳者……………龍《りゅう》 和子《かずこ》

装幀……………佐々木正見

発行者……………成瀬雅人

発行所……………株式会社原書房

〒160-0022 東京都新宿区新宿1-25-13

電話・代表03(3354)0685

振替・00150-6-151594

http://www.harashobo.co.jp

印刷……………新灯印刷株式会社

製本……………東京美術紙工協業組合

ISBN 978-4-562-05330-8, Printed in Japan

ミルクの歴史　《「食」の図書館》
ハンナ・ヴェルテン／堤理華訳
おいしいミルクには波瀾万丈の歴史があった。古代の搾乳法から美と健康の妙薬と珍重された時代、危険な「毒」と化したミルク産業誕生期の負の歴史、今日の隆盛までの人間とミルクの営みをグローバルに描く。　2000円

ジャガイモの歴史　《「食」の図書館》
アンドルー・F・スミス／竹田円訳
南米原産のぶこつな食べものは、ヨーロッパの戦争や飢饉、アメリカ建国にも重要な影響を与えた！　波乱に満ちたジャガイモの歴史を豊富な写真と共に探検。ポテトチップス誕生秘話など楽しい話題も満載。　2000円

スープの歴史　《「食」の図書館》
ジャネット・クラークソン／富永佐知子訳
石器時代や中世からインスタント製品全盛の現代までの歴史を豊富な写真とともに大研究。西洋と東洋のスープの決定的な違い、戦争との意外な関係ほか、最も基本的な料理「スープ」をおもしろく説き明かす。　2000円

ビールの歴史　《「食」の図書館》
ギャビン・D・スミス／大間知知子訳
ビール造りは「女の仕事」だった古代、中世の時代から近代的なラガー・ビール誕生の時代、現代の隆盛までのビールの歩みを豊富な写真と共に描く。地ビールや各国ビール事情にもふれた、ビールの文化史！　2000円

タマゴの歴史　《「食」の図書館》
ダイアン・トゥープス／村上彩訳
タマゴは単なる食べ物ではなく、完璧な形を持つ生命の根源、生命の象徴である。古代の調理法から最新のレシピまで人間とタマゴの関係を「食」から、芸術や工業デザインほか、文化史の視点までひも解く。　2000円

（価格は税別）

ソースの歴史　《「食」の図書館》

メアリアン・テブン著　伊藤はるみ訳

高級フランス料理からエスニック料理、B級ソースまで…世界中のソースを大研究！　実は難しいソースの定義、進化と伝播の歴史、各国ソースのお国柄、「うま味」の秘密など、ソースの歴史を楽しくたどる。

２２００円

水の歴史　《「食」の図書館》

イアン・ミラー著　甲斐理恵子訳

安全な飲み水の歴史は実は短い。いや、飲めない地域は今も多い。不純物を除去、配管・運搬し、酒や炭酸水として飲み、高級商品にもする…古代から最新事情まで、水の驚きの歴史を描く。

２２００円

オレンジの歴史　《「食」の図書館》

クラリッサ・ハイマン著　大間知知子訳

甘くてジューシー、ちょっぴり苦いオレンジは、エキゾチックな富の象徴、芸術家の霊感の源だった。原産地中国から世界中に伝播した歴史と、さまざまな文化や食生活に残した足跡をたどる。

２２００円

ナッツの歴史　《「食」の図書館》

ケン・アルバーラ著　田口未和訳

クルミ、アーモンド、ピスタチオ…独特の存在感を放つナッツは、ヘルシーな自然食品として再び注目を集めている。世界の食文化にナッツはどのように取り入れられていったのか。多彩なレシピも紹介。

２２００円

ソーセージの歴史　《「食」の図書館》

ゲイリー・アレン著　伊藤綺訳

古代エジプト時代からあったソーセージ。原料、つくり方、食べ方…地域によって驚くほど違う世界中のソーセージの歴史。馬肉や血液、腸以外のケーシング（皮）などの珍しいソーセージについてもふれる。

２２００円

（価格は税別）